Cosima Sieger

Corona Krise
Der Beginn eines neuen Zeitalters

Corona Krise: Der Beginn eines neuen Zeitalters

Wie du erfolgreich, gelassen und glücklich durch die Krise gelangst, warum du keine Angst haben musst und wie du im neuen Zeitalter neue Formen von Glück findest

Cosima Sieger

Impressum

Texte:	© Copyright by Cosima Sieger
Umschlag:	© Copyright by depositphotos.com
Verlag:	Neopubli GmbH Prinzessinnenstraße 20 10969 Berlin kontakt@epubli.de
Druck:	epubli ein Service der neopubli GmbH, Berlin

Printed in Germany

Bibliografische Information der Deutschen Nationalbibliothek

Die Deutsche Nationalbibliothek verzeichnet diese Publikation in der Deutschen Nationalbibliografie; detaillierte bibliografische Daten sind im Internet über http://dnb.d-nb.de abrufbar.

Ein Buch aus der Reihe der
Cosima Sieger Ratgeber

Ich helfe Menschen, stark, gelassen und glücklich zu werden und dafür ins TUN zu kommen!

Cosima Sieger

Inhalt

TEIL IV

WIE DU SICHER DURCH DIE KRISE KOMMST

TEIL V

WIE DU IM NEUEN ZEITALTER NEUE FORMEN DES GLÜCKS FINDEST

DER BEGINN EINES NEUEN ZEITALTERS

Wir befinden uns gerade in einer Ausnahmesituation. Einer Krise, die alle unsere Lebensbereiche betrifft und die wir so noch nicht erlebt haben. Alles verändert sich plötzlich um uns herum... Und wir wissen nicht, was die nächsten Wochen, Monate und Jahre uns bringen werden.

Die Welt und das Leben erscheinen uns auf einmal gefährlich... Und das, was für uns ein Leben lang selbstverständlich war, ist es plötzlich nicht mehr... Zerrinnt uns vielleicht sogar bereits zwischen den Fingern...

Es ist nur natürlich, dass wir deshalb Angst haben. Wir haben Angst um uns selbst, Angst um unsere Familien, Angst um unsere Jobs und unsere Existenz, viele von uns haben auf einmal mit ernsthaften finanziellen Problemen zu kämpfen, die die Existenz bedrohen.

Und selbst wenn wir im Moment noch ein sorgloses Leben führen, so wissen wir doch, dass das, was wir haben, längst nicht mehr sicher ist und jederzeit verloren gehen kann. Und wir sehen, wie in unserem Umfeld immer mehr Menschen negativ von der Krise betroffen sind - nicht nur gesundheitlich, sondern auch wirtschaftlich und finanziell.

Doch neben unserer Angst vor dem Virus und der Angst um unsere Existenz, die viele von uns plagt, quält uns noch etwas anderes, das jede schwere Krise mit sich bringt:

Unser urmenschliches Bedürfnis nach Sicherheit ist mit einem Schlag nicht mehr erfüllt. Alles um uns herum scheint vollkommen unsicher geworden und wir wissen nicht, wie es weiter gehen wird.

Wir werden gerade Zeitzeuge von etwas Großem, das in die Geschichtsbücher eingehen wird.

Doch die Corona Krise ist in verschiedener Hinsicht etwas Besonderes. Denn sie markiert das Ende eines Zeitalters.

Wir treten jetzt in ein neues Zeitalter ein, das mit der Krise, die uns mit ihren wirtschaftlichen Folgen über mehrere Jahre begleiten wird, beginnt, und auch danach unser Leben dauerhaft verändern wird.

Die Corona-Krise als Gesundheitskrise ist nur der Anfang dieser mehrjährigen Krise, die von einer Wirtschafts- und Finanzkrise gefolgt werden wird und schließlich eine neue Gesellschaft hervorbringen wird.

Das klingt erschreckend. Und trotzdem musst Du keine Angst haben. Dass Zeiten sich ändern, ist etwas völlig Natürliches, ja geradezu zwangsläufiges... und auch wenn es bei jeder Veränderung im Leben beim Übergang etwas ruckelt, auch wenn es für einige Zeit vielleicht sehr unbequem ist, kannst Du Dich nach der Krise auf etwas Schönes, Neues freuen... Denn jedes Zeitalter hat seinen eigenen Zauber, seine ganz eigenen schönen Seiten. Und Du kannst Dich sowohl auf die Krise, als auch auf dieses neue Zeitalter vorbereiten, und damit Dein Leben noch schöner machen, als es bisher war.

Ich werde Dich dabei mit diesem Buch unterstützen, Dir die Angst nehmen, Dich zurück in Deine Kraft führen und Dir zeigen, wie Du Dich selbst sicher und zuversichtlich durch die Krise führst und dafür sorgst, dass Du aus dieser Krise nicht nur gestärkt, sondern auch glücklicher hervorgehst.

Das ist Lebenskunst. Und die lässt sich in schweren Zeiten besser trainieren als jemals sonst.

Nutze die Chance der Krise, um zu einem Lebenskünstler zu werden. Es ist gar nicht so schwer, und ich zeige Dir genau, wie Du das tun kannst.

Warum ist es so wichtig, dass Du Dich bereits jetzt auf die Krise, bei der wir erst am Anfang stehen, und auf die Zeit danach vorbereitest?

Weil aus einer Veränderung immer diejenigen gestärkt hervorgehen, die sich der neuen Situation am besten anpassen können. Und dafür müssen wir die neue Situation auch verstehen und realistisch überblicken können, ohne uns in eine Panik hineinfallen zu lassen.

Nicht die STÄRKSTEN überleben (wie der Term „Survival of the Fittest" aus der Darwin'schen Evolutionstheorie oft falsch interpretiert wird), sondern die am besten angepassten Individuen.

Der ANPASSUNGFSÄHIGE hat also die größten Vorteile in Zeiten des Wandels. Anpassungsfähigkeit ist die wahre Stärke in diesen Zeiten.

Bereite Dich deshalb frühzeitig auf das neue Zeitalter vor, erkenne den Wandel und passe Dich der neuen Situation so an, dass Du die vor uns liegende schwere Zeit nicht nur überleben, sondern auch ganz neue Formen des Glücks entdecken und in Dein Leben bringen wirst.

Dieses Buch liefert Dir weder eine Verschwörungstheorie oder ein Weltuntergangsszenario, noch die Ansicht, dass alles gut ist und wir in wenigen Wochen wieder in unser altes, gewohntes Leben zurückkehren werden.

Wie immer in meiner Arbeit möchte ich Dir stattdessen ganz besonders jetzt in dieser bewegten Zeit zeigen, wie Du Dich von innen stark machst und wie Du Dich weiter auf Deine Möglichkeiten konzentrierst, anstatt auf Deine Hindernisse. Wie Du die Chance in der Krise findest und für Dich nutzt.

Ja, es ist wahr:

Viele alte Möglichkeiten, viele Annehmlichkeiten brechen nun weg, auch wenn sich das vielleicht erst in einigen Monaten zeigen wird. Und wir werden mit einer Vielzahl neuer Hindernisse und Probleme konfrontiert.

Doch in jedem Hindernis liegt auch eine Möglichkeit und in jedem Wandel liegt auch ein neues Glück verborgen. Und in diesem Buch wirst Du erfahren, wie Du es findest.

Ich bin überzeugt, wir werden unser altes Leben, so wie es war, nicht zurückbekommen, aber wir werden ein neues geschenkt bekommen. Und das können wir bereits jetzt gestalten.

Und keine Sorge: Die Welt wird nicht untergehen. Und keine Krise bleibt für immer. Sie wird vorübergehen und es werden wieder unbeschwerte Zeiten kommen...

Das Leben ist schön! Und das wird es auch bleiben...

Vielleicht fragst Du Dich gerade:

Aber lässt sich denn überhaupt jetzt schon sagen, welche Veränderungen auf uns zukommen? Wie kann ich mich auf etwas so Undurchschaubares, ja etwas so völlig Unbekanntes vorbereiten? Ist das ganze Ausmaß der Krise denn überhaupt jetzt schon absehbar?

Die Antwort auf diese Frage lautet: nein!

Warum dann also dieses Buch?

Weil ein Teil der Auswirkungen sehr wohl bereits jetzt absehbar ist. Denn bestimmte Ursachen ziehen bestimmte Wirkungen nach sich. Zumindest lässt sich das für unsere Psyche und für die Wirtschaft sagen.

Und auch wenn wir in einer komplexen Welt niemals alle Wirkungen einer Ursache genau vorhersagen können, und es immer Ausnahmen von der Regel gibt, so können wir doch bestimmte Richtungen, und einige bedeutende unausweichliche Wirkungen schon jetzt klar vorhersehen.

Und wenn wir sie kennen, dann können wir uns darauf einstellen und vorbereiten.

Lass uns, bevor wir beginnen, jedoch noch eine ebenso spannende, wie wichtige Frage beantworten:

Wie sollten wir ganz allgemein mit dieser Krise und ihren Folgen umgehen?

Macht der Pessimist es besser, der sich ausgiebig mit allen Gefahren beschäftigt, die möglicherweise als Folge auf uns zukommen könnten?

Oder ist der Sorglose besser dran, der sich auf das Positive konzentriert und daran glaubt, dass schon alles gut ausgehen wird, ohne sich zu tief mit der Materie zu beschäftigen, um nicht in Angst und Sorge zu verfallen?

Ich habe dieses Buch geschrieben, um Dir einen pragmatischen Mittelweg zum Umgang mit dieser Krise zu zeigen.

Ich denke wir sollten nicht wegschauen, sondern uns mit drohenden Gefahren beschäftigen, jedoch nur genauso lange, bis wir sie verstehen und bis wir einschätzen können, welche möglichen negativen Folgen wir als wahrscheinlich und welche wir als weniger wahrscheinlich einstufen können.

Und wir sind gut beraten, uns zumindest auf die Gefahren mit der hohen Wahrscheinlichkeit einzustellen und praktisch vorzubereiten.

Das können wir tun, indem wir uns die Frage des Optimisten stellen, der sich in jeder Situation des Lebens die immer gleiche Frage stellt:

Wie kann ich das Beste aus dieser Situation machen?

Doch wir sollten uns nicht nur noch mit den bedrohlichen Aspekten unserer Realität beschäftigen. Das gilt für alle Momente unseres Lebens. Und auch – ja, gerade, für Krisenzeiten.

Denn wenn wir das tun, geraten wir immer tiefer in die Angst hinein und Angst lähmt uns und macht uns seelisch und körperlich krank.

Vielmehr möchte ich Dich dazu einladen, Deine Aufmerksamkeit nur dann und nur für genauso lange auf ein Problem zu richten, wie Du brauchst, um das Problem zu verstehen, es zu lösen oder um anderen Menschen praktisch zu helfen – und Dich dann wieder den positiven und schönen Aspekten jeder Realität zuzuwenden, die immer da sind – selbst jetzt.

Jede Realität hat unendlich viele Facetten, von denen wir immer nur einige wenige wahrnehmen können. Und wenn Du einmal gelernt hast, Deine Gedanken zu führen und selbst zu steuern (wie das geht, erfährst Du später), kannst Du selbst entscheiden, welche Aspekte dieser Realität Du wahrnehmen und welche Du für den Moment bewusst ausblenden möchtest.

So kannst Du Dich sowohl für eine gewisse Zeit bewusst mit drohenden Gefahren beschäftigen und damit, Lösungen für neue Probleme zu finden, als auch Dich anschließend vollkommen frei dazu entscheiden, Dich in den Zustand von Leichtigkeit und Glück zu bringen, indem Du Deine Gedanken (und damit auch Deine Gefühle) gezielt anderen Aspekten der Realität zuwendest.

Das ist gar nicht so schwer, wie es klingt. Du wirst in diesem Buch lernen, wie Du Dich und Deine Gedanken in einfachen praktischen Schritten selbst kontrollieren und führen kannst.

Der gesundheitliche Aspekt der Corona-Krise wird nicht Thema dieses Buches sein. Der medizinische Aspekt dieser Krise wird derzeit ausführlich in allen Medien diskutiert. Ich werde diese Diskussion in diesem Buch nicht wiederspiegeln.

Um die Corona-Krise aus medizinischer Sicht kompetent zu beleuchten, gibt es andere Autoren und Berater mit der entsprechenden medizinischen und virologischen Expertise, bei denen Du Dir Dein medizinisches Fachwissen holen kannst.

Das halte ich nämlich für viel sinnvoller, als wenn jeder Autor jedes Thema behandelt, sei es innerhalb oder außerhalb seines Fachbereichs.

In diesem Buch erfährst Du stattdessen, wie Du Dich mental, emotional und finanziell auf diese Krise vorbereitest, wie Du Deine Persönlichkeit entsprechend zielgerichtet weiterentwickelst, wie Du Dich innerlich und äußerlich stabilisierst, wie Du auf Deine MÖGLICHKEITEN und auf Deinen Einflussbereich fokussiert und damit handlungsfähig bleibst, wie Du Dich selbst sicher durch die Krise führst und was Du ganz konkret jetzt schon tun kannst, um anschließend ein noch viel glücklicheres und erfüllteres Leben zu führen, als Du es bisher getan hast.

Lass uns also beginnen!

Ich wünsche Dir viel Freude beim Lesen und noch mehr Erfolg bei der Umsetzung des folgenden Programms, das Dich sicher durch die

Corona Krise führen und Dir den Weg zu einem neuen, noch glücklicheren Leben zeigen wird.

Deine Cosima Sieger

TEIL I

TEIL I – ORIENTIERUNG FINDEN

Warum diese Krise der Eintritt in ein neues Zeitalter ist

Ich möchte Dir in diesem Kapitel 7 Gründe nennen, warum ich glaube, dass diese Krise uns in ein neues Zeitalter führen und unser Leben dauerhaft verändern wird. Ich werde auf jeden dieser Gründe später noch ausführlich eingehen. Hier möchte ich Dir zu Beginn nur schon einmal einen kurzen Überblick geben.

Grund 1: Unser Lebensstandard wird sinken

Die Corona-Krise als Gesundheitskrise bringt insbesondere infolge der getroffenen Schutzmaßnahmen eine besonders harte Wirtschafts- und Finanzkrise mit sich, die gerade begonnen hat und die sich in den kommenden Jahren noch verstärken und uns länger belgeiten wird (warum, erfährst Du später). Und auch, wenn wir es jetzt noch nicht recht wahrhaben wollen, wird unser Lebensstandard unausweichlich sinken, und das nicht für einige Monate, sondern für mehrere Jahre.

Das trifft einige von uns hart. Und es löst neben ganz praktischen Problemen große Ängste und berechtigte Sorgen aus, die wir uns später näher ansehen werden. Und doch bringt uns die harte Zeit, die wir bereits erleben und noch vor uns haben, uns auch Chancen.

Zum Beispiel die Chance, unsere Konsumgewohnheiten und auch unsere Lebensgewohnheiten zu überdenken und zu verändern, die Möglichkeit, die Sicherheit und Stabilität, den Trost, aber auch das Abenteuer und die Abwechslung, die wir im Leben brauchen und die wir in den letzten Jahrzehnten zu einem großen Teil im Konsum gefunden haben, von nun an verstärkt in anderen Dingen zu finden.

Ich bin absolut kein Konsumgegner. Ich bin ein Chancenergreifer. Ich versuche, die Chancen zu sehen, die eine Lebenssituation – und sei sie auch noch so hart – mit sich bringt, und den verlorenen Möglichkeiten nicht übermäßig nachzutrauern. Verlust bringt zwar immer auch Trauer mit sich. Und das ist gut, denn über das Gefühl der Trauer können wir einen Verlust verarbeiten. Doch wir können aus einem Trauerprozess gestärkt hervorgehen, auch wenn es sich bei dem Verlust, den wir betrauern, um ein Zeitalter oder eine Lebensphase handelt.

Ich denke es ist wunderbar, Konsum und materiellen Wohlstand in vollen Zügen zu genießen, solange er uns zugänglich ist, aber wir sollten ihn nicht BRAUCHEN, um ein sattes, erfülltes Leben zu leben, in dem wir uns unser tiefes Bedürfnis nach Sicherheit, nach Bindung, nach Bedeutung, nach Lebendigkeit und Abenteuer erfüllen. Es gibt immer viele verschiedene Wege, um sich ein Bedürfnis zu erfüllen.

Grund 2: Unser freiheitliches Leben könnte für längere Zeit eingeschränkt bleiben

Viele Jahrzehnte haben wir uns dafür eingesetzt, die Freiheit des Einzelnen in seinem Lebenswandel und seinen Lebensentscheidungen zu erweitern und zu erhalten. Die persönliche Freiheit ist ein zentrales Element in unserem gesellschaftlichen Wertesystem, die auch in unseren Grundrechten verankert ist.

Plötzlich jedoch sehen wir uns – anders in den vorangegangenen Krisen der letzten Jahre und Jahrzehnte – durch die Maßnahmen zum Schutz vor dem Corona-Virus mit Einschränkungen unserer Freiheit konfrontiert, die für uns völlig neu sind. Große Teile der Weltbevölkerung können sich in diesen Zeiten nicht mehr frei bewegen, sind mit der sozialen Isolation mehr oder weniger stark an das Haus gebunden. Eine Herausforderung für uns und unseren Alltag, und auch für unser so tiefverwurzeltes Bedürfnis nach Freiheit.

Auch haben viele Staaten der Erde in der einen oder anderen Form den Notstand ausgerufen und dadurch Notstandsgesetze in Kraft gesetzt, die zentrale Grundrechte temporär außer Kraft setzen. Ein massiver, für viele Menschen erschreckender Schritt. Und auch wenn wir ihn für noch so sinnvoll halten, so beschleicht viele Menschen doch hin und wieder dieses mulmige, ungute Gefühl, dass etwas von dieser Freiheitseinschränkung dauerhaft bestehen bleiben könnte. Womöglich, so fürchten wir, werden wir nie wieder so frei leben können wie früher...

Grund 3: Wir entwickeln neue Gewohnheiten

Die Krise, die wir im Moment erleben, zwingt uns mit einer Vielzahl neuer Regeln radikal in neue Gewohnheiten. Unser Alltag sieht plötzlich vollkommen anders aus als noch vor wenigen Monaten.

Kaum etwas ist so schwer zu brechen, wie eine alte Gewohnheit... Und da unser Gehirn nur zu gerne an Alltbekanntem festhält (warum, erfährst Du später), werden wir neue Gewohnheiten, sobald sie sich einmal gebildet haben, auch noch lange, vielleicht sogar dauerhaft, beibehalten, und nicht so schnell wieder ablegen.

Nicht nur unsere Konsumgewohnheiten und unsere Gewohnheiten in Bezug auf Reisen, Mobilität und Freizeitgestaltung, sondern auch unsere Gewohnheiten im sozialen Miteinander und unser Umgang miteinander haben sich massiv verändert und diese Veränderung wird in neue Gewohnheiten münden, die wahrscheinlich einen Mittelweg zwischen den alten und den jetzt gerade erworbenen neuen Gewohnheiten bildet.

Grund 4: Wir trainieren jetzt unsere Kreativität und Lösungskompetenz

Diese Krise erschafft für viele Menschen wirtschaftliche Not, auch wenn einige noch immer sämtliche Veränderungen in der Krise als einen Segen und ausschließlich als wunderbare Zeit der Entschleunigung sehen wollen. Nicht alle Menschen erleben die Krise positiv, dieser Tatsache sollten wir uns nicht verschließen.

Auch wenn die Zentralbanken der Wirtschaft weltweit mit gigantischen Unterstützungsprogrammen zur Hilfe eilen, wird diese Not in den kommenden Jahren noch sehr viel deutlicher sichtbar werden als jetzt. Mehr dazu erfährst Du im nächsten Kapitel.

Doch es gibt auch eine gute Nachricht:

Wirtschaftliche Not löst nicht nur Leid aus. Sie macht auch erfinderisch. Sie trainiert unsere Lösungsfindungskompetenz, unsere Standfestigkeit als Arbeitnehmer, Unternehmer und Selbständige. Sie macht kreativ, sie zwingt uns, uns vom Trivialen abzuwenden und dem Wesentlichen zuzuwenden. Denn JETZT geht es für viele Menschen um alles!

Und hier erwachsen trotz all dem Leid und dem materiellen Verzicht, den wir noch erleben werden, auch neue Chancen.

Grund 5: Wir werden aus unserer Komfortzone geworfen

Ich habe noch eine weitere gute Nachricht für Dich: Wirtschaftliche Not hat nämlich noch einen anderen unendlich wertvollen Effekt auf unsere Persönlichkeit und unsere Weiterentwicklung:

Sie wirft uns aus unserer Komfortzone hinaus! Weit hinaus aus dem Gewohnten, dem Bequemen, dem Bekannten...

Und in diesem Zustand haben wir nicht nur Angst. Wir fühlen wir uns hier auch endlich wieder lebendig! Denn dort, wo die Dinge neu und riskant sind, dort leben wir intensiv, dort fühlen wir uns lebendig. Auch wenn Du Dir das jetzt noch nicht vorstellen kannst, weil Du womöglich gerade nur die Angst spürst, so wirst Du doch sehen, dass es tatsächlich wahr ist, sobald Du feststellst, dass Du in der Lage bist, Dich sicher und erfolgreich durch diese Krise hindurch zu führen. Dass Du nicht ausgeliefert und auch nicht hilflos bist. Dass Du Dich auch außerhalb Deiner Komfortzone zurechtfinden, die Dinge steuern und neue Lebendigkeit spüren kannst.

Ja, der Weg jenseits Deiner Komfortzone ist unbequem, er ist beängstigend, er ist manchmal überfordernd...Doch er ist auch lebendig. Er ist intensiv. Er hat Bedeutung! Und Du weißt vielleicht, was man über die Komfortzone sagt: Das größte Glück im Leben liegt oft hinter Deiner Angst verborgen...

Grund 6: Wir lernen eine Lektion in Loslassen

Seit Jahrtausenden streben wir Menschen nach Kontrolle. Denn Kontrolle bedeutet Sicherheit, sie bedeutet Schutz für unser Überleben. Kontrolle zu haben bedeutet, den Gefahren des Lebens nicht mehr hilflos ausgeliefert zu sein. Wir haben uns die Natur immer mehr unterworfen. Und uns lange Zeit der Illusion der Kontrolle hingegeben. Doch in diesen Zeiten sehen wir, dass wir weder die Natur, noch das Leben vollständig kontrollieren können.

Wir lernen Demut vor dem Leben, wir lernen, dass wir nicht alles kontrollieren können, dass wir nicht allmächtig sind, dass die Natur immer stärker sein wird als wir. Und wir lernen, dass wir manchmal die Kontrolle loslassen dürfen und müssen.

Wir lernen in diesen Zeiten auch, in einer oft schmerzhaften Lektion, dass uns der außerordentliche Wohlstand, den wir lange genossen haben, nicht zusteht, sondern ein Privileg ist, das wir genießen dürfen und das wir jederzeit wieder verlieren können. Wir lernen, dass wir uns nicht an unserem Wohlstand festhalten sollten, denn so wie alles andere im Leben können wir ihn wieder verlieren. Wir lernen jetzt eine wahrlich herausfordernde Lektion in Loslassen. Eine Lektion für Fortgeschrittene.

Doch auch hier gibt es eine gute Nachricht: Wenn wir etwas verlieren, woran wir uns lange Zeit festgehalten haben und plötzlich erkennen, dass wir immernoch stehen, dass wir weitermachen können, auch wenn wir es verlieren, dann werden wir frei.

Bitte verstehe mich an dieser Stelle nicht falsch. Ich bin keine Kapitalismusgegnerin und ich habe auch nicht das geringste dagegen, dass Du einen hohen Lebensstandard, schöne materielle Dinge und teure Erlebnisse genießt, die Dich glücklich machen. Ebenso tue ich es auch. Aber es tut uns nicht gut, uns daran festzuhalten, und darauf zu verlassen, dass diese Möglichkeiten immer da sein werden.

Alles, wovon wir uns abhängig machen, wird uns früher oder später Schmerz zufügen. Denn alles im Leben können und werden wir irgendwann verlieren.

Es ist deshalb wichtig für uns zu lernen, die (materielle) Fülle zu genießen, solange sie da ist, in dem Wissen, dass sie jederzeit wieder verschwinden kann und in der Bereitschaft, sie loszulassen, wenn sie sich verabschiedet...

Grund 7: Wir bewegen uns von der Ich-Zentrierung zu neuer Verbundenheit und Solidarität

Die Corona Krise bringt wie jede andere schwere Krise Entbehrungen und Angst mit sich. Und auch wenn beides offensichtlich negativ auf uns wirkt, wie wir uns später noch genauer ansehen werden, so schaffen Angst und Leid zugleich auch oft ein neues, gesteigertes Gefühl von Solidarität, von Gemeinschaft und gegenseitiger Unterstützung innerhalb einer Gesellschaft.

Unser Gemeinschaftsgefühl steigt, weil uns wieder bewusst wird, dass wir einander brauchen. Dass wir Andere brauchen. Und dass Andere uns brauchen. Und unser Gefühl der Verbundenheit mit anderen steigt, weil wir alle im gleichen Boot sitzen, die gleichen Probleme und Herausforderungen zu meistern haben und oft die gleichen Ängste fühlen.

Das Zeitalter der Ich-Zentrierung, der Ich-Fixiertheit und der viel kritisierten Selbstdarstellung, das begonnen hatte, uns mehr und mehr blind zu machen für die Wünsche, Gefühle und Nöte Anderer und uns in Gedanken so viel um uns selbst kreisen ließ, könnte nun vorüber sein...

Was Dir in den Jahren der Krise bevorsteht und warum Du trotzdem keine Angst haben musst

Wir schreiben heute, da ich dieses Kapitel schreibe, den 30. März 2020. Die Verbreitung des Corona-Virus hat mittlerweile die gesamte Welt erreicht.

In China scheint das Virus nach einem vollkommenen Shutdown der Wirtschaft und des öffentlichen Lebens vorläufig auf dem Rückmarsch, wir wissen jedoch nicht, ob und wann es sich auch dort wieder verbreiten könnte. Die WHO hatte Europa bereits vor einigen Wochen zum weltweiten Zentrum der Infektion ernannt. Mittlerweile sind die USA das weltweit am stärksten von der Corona Pandemie betroffene Land. Weitere Infektionszentren in anderen Teilen der Erde werden mit größter Wahrscheinlichkeit in den kommenden Wochen folgen.

Natürlich ist davon auszugehen, dass gerade auch ärmere Länder, in denen keine oder nur wenige Tests vorgenommen werden können und zudem die Hygienebedingungen und die Gesundheitsversorgung deutlich schlechter sind als bei uns in der westlichen Welt, von hohen Zahlen an infizierten Menschen und einer besonders großen Zahl von Verstorbenen betroffen sein werden.

Da die Zahlen der gemessenen Infizierten und der an beziehungsweise mit dem Virus Verstorbenen sich stündlich verändern und sich zudem von Quelle zu Quelle unterscheiden, verzichte ich darauf, die aktuelle Zahl der gemessenen Infizierten in verschiedenen Länder niederzuschreiben, denn wenn Du dieses Buch liest, werden sich diese Zahlen längst verändert haben. Du wirst ohnehin täglich über die Medien mit den aktuellen Zahlen konfrontiert.

In vielen Teilen der Welt kam oder kommt es zum Schutz vor der Pandemie zu einem mehr oder weniger stark ausgeprägten Shutdown der Wirtschaft und zu massiven Ausgangsbeschränkungen oder Kontakteinschränkungen für die Bevölkerung, die zum Teil nur mit milden Strafen wie Bußgeldern, zum Teil auch mit militärischem Einsatz und Androhung von Freiheitsstrafen überwacht und durchgesetzt werden. Aktiven Widerstand aus der Bevölkerung beobachten wir bisher in keinem Land.

Doch noch ein anderer Bereich in unserem Leben hat sich in der Praxis zumindest temporär völlig verändert – mit derzeit erstaunlich wenig Resonanz von den Medien:

Denn die reguläre medizinische Betreuung der Bevölkerung jenseits von Corona ist bei uns in Deutschland – die wir im weltweiten Vergleich eines der besten Gesundheitssysteme besitzen - wie auch in vielen anderen Ländern auf ein Minimum reduziert worden. In der Praxis bedeutet das, dass bereits jetzt eine Betreuung bereits chronisch kranker Menschen nicht mehr überall ausreichend erfolgt. Arztpraxen und Krankenhäuser arbeiten im Notbetrieb. Wir hören immer öfter, dass selbst für fortgeschritten an Krebs erkrankte Menschen, die alleine durch ihre Erkrankung ebenso vom Tode bedroht sind, dringend notwendige Untersuchungen, zum Beispiel zur Messung der Metastasenentwicklung, zum Teil um Monate verschoben werden. Und das macht insbesondere den Betroffenen vollkommen nachvollziehbar noch mehr Angst.

Wir wissen, wir dürfen jetzt nicht krank werden, nicht dringend auf medizinische Behandlung angewiesen sein, selbst wenn uns das Corona-Virus nicht befällt.

Zugleich sind wir durch die Ausgangs- und Kontaktbeschränkungen sozial isoliert. Und Isolation verstärkt bereits vorhandene Ängste.

Die große Herausforderung und auch die Besonderheit an dieser Krise ist, dass wir alles gleichzeitig zu verlieren scheinen:

Wir verlieren auf unbestimmte Zeit unsere gewohnte Freiheit, unser gewohntes soziales Umfeld, unsere gewohnte medizinische Versorgung, einen Teil unseres Wohlstands, manchmal unsere Jobs und sehen in vielen Fällen auch unsere Existenz bedroht.

Wenn ich Menschen danach frage, was diese Zeit im Moment für sie besonders prägt, dann bekomme ich immer wieder zwei Antworten: Chaos und Angst.

Jeder dritte Deutsche hat aktuell Angst vor sozialem und wirtschaftlichem Abstieg. Auch haben die meisten von uns Angst, sich oder einen anderen Menschen unwissentlich mit dem Virus zu infizieren.

Doch was erwartet uns noch in den kommenden Jahren? Wie wird diese Krise für uns weitergehen?

Ich gehe stark davon aus, dass die Entwicklungen in den einzelnen Ländern sowohl was die Ausbreitung des Virus, als auch was die wirtschaftlichen und gesellschaftlichen Folgen betrifft, sehr unterschiedlich verlaufen werden (dazu gleich mehr) weil die Möglichkeiten der Länder dieser Erde, mit der Krise umzugehen, sich stark unterscheiden.

Und ich denke, dass deshalb auf längere Zeit auch die globale Vernetzung und die Reisefreiheit eingeschränkt bleiben und die Länder sich „zum Schutz“ vor immer wieder zurückkehrenden Infektionen auch über längere Zeit ein Stück weit voneinander abgrenzen und abschotten werden, da bislang noch keine Klarheit darüber herrscht, wie lange die Immunität infizierter Menschen gegen das Virus nach der Genesung anhält.

Ich gehe davon aus, dass die starken kontaktbeschränkenden Maßnahmen in etwa den nächsten zwei Monaten im deutschsprachigen Raum Wirkung zeigen und sich der Anstieg der messbar Erkrankten trotz der kontinuierlichen Ausweitung der Tests stabilisieren und schließlich zurückgehen wird.

Ein interessanter Artikel in der Washington Post zeigt diesbezüglich mit Hilfe eines „Corona-Simulators“ graphisch anschaulich, wie sich die Ausbreitung eines Virus verlangsamt und eindämmt, wenn Kontakte zwischen Menschen reduziert werden.

Du kannst ihn unter diesem Link auf dem Portal der Zeitung nachlesen, wenn Dich das interessiert:
https://www.washingtonpost.com/graphics/2020/world/corona-simulator/

Vermutlich wird man bei uns im deutschsprachigen Raum also spätestens Mitte bis Ende Mai beginnen, die Restriktionen für Wirtschaft und Alltag zu lockern, allerdings sicher nicht vollständig und wahrscheinlich auch nur sehr vorsichtig und in kleinen Schritten. Natürlich ist ein erneutes Aufflammen der Infektionszahlen dennoch auch danach noch möglich und nicht auszuschließen.

Sicher wird jedoch ein Teil der bestehenden Einschränkungen im Alltag noch für lange Zeit, vielleicht auch dauerhaft aufrechterhalten bleiben und mit neuen, zusätzlichen Maßnahmen ergänzt werden, wie zum Beispiel dauerhaften Abstandsregelungen in Geschäften und Gastronomie, neuen Vorschriften für Veranstaltungen aller Art einschließlich neuartiger Kontrollen der Teilnehmer, sowie verschärften Hygiene- und Pflegevorschriften für Hotels, Restaurants, öffentliche Transportmittel, öffentlich zugängliche Orte, sowie auch für das Verhalten von Privatpersonen im öffentlichen Raum.

Auch Handytracking, bei dem Bewegungen und Aufenthaltsorte der Menschen über das Handy nachverfolgt werden können, für das derzeit eine App zur Anwendung in Deutschland entwickelt wird, wird meiner Einschätzung nach mit großer Sicherheit auch im deutschsprachigen Raum Verbreitung finden und in der einen oder anderen Form auch längerfristig für ähnliche Zwecke weiter angewendet werden.

Doch was erwartet all die Anderen?

Diejenigen, von denen wir in den Nachrichten wenig oder überhaupt nichts hören?

Die ärmsten Länder der Erde, insbesondere die afrikanischen Länder mit ihren schlechten Hygienebedingungen, ihren schwachen Gesundheits- und Wirtschaftssystemen und den schwachen Währungen, fehlender politischer Stabilität, ihrer Vielzahl an Kriegen und Krisenherden, ihrer massiver materiellen Armut, und ihren Slums, in denen zum Teil bis zu hunderttausende Menschen auf engstem Raum zusammenleben, wird die Corona-Krise mit voller Wucht treffen und voraussichtlich eine besonders hohe Zahl an Toten, sowie großes zusätzliches Elend für die Bevölkerung bringen.

Da in diesen Ländern weder ein wirtschaftlicher Shutdown, noch Ausgangsbeschränkungen praktisch umsetzbar sind und aufgrund der Lebensbedingungen der Menschen auch eine soziale Isolation nicht möglich ist, auf der anderen Seite auch keine wirtschaftliche Unterstützung durch die Zentralbanken über eine signifikante Erhöhung der Geldmenge der bereits schwachen Währungen gegeben werden kann, um das Gesundheitssystem ansatzweise vorzubereiten, sind oder werden diese Länder der Krise verhältnismäßig schutzlos ausgeliefert sein.

Private Hilfsorganisationen (NGOs) wie Ärzte ohne Grenzen und Medicos diskutieren derzeit Ideen und Pläne, wie Menschen in afrikanischen Ländern temporär aus den Slums in andere Gebiete umgesiedelt werden könnten, um die Bevölkerungsdichte in den Slums zu verringern, doch werden diese Maßnahmen wohl nur ein Tropfen auf den heißen Stein sein.

Was den gesundheitlichen Aspekt der Corona-Krise betrifft, sehe ich also insbesondere diese, in den Medien wenig beachteten, Länder Afrikas am stärksten durch die Krise gefährdet, auch wenn uns die Kenntnis über das wahre Ausmaß der Krise in diesen Ländern möglicherweise niemals bekannt werden wird.

Doch kommen wir zurück nach Europa. Denn diese Krise ist nicht nur eine Gesundheitskrise, sie setzt auch eine massive Wirtschafts- und Finanzkrise in Gang, die uns alle hart treffen wird und die uns noch lange Zeit beschäftigen wird.

Ist diese Annahme nicht sehr negativ? Schließlich sagen uns deutsche Politiker doch, sie hätten in den vergangenen Jahren gut gewirtschaftet, die „Kassen seien voll“ und die Kosten der gesamten Corona-Krise könnten innerhalb eines einzigen Jahres wieder erwirtschaftet und voll ausgeglichen werden. Außerdem hilft uns ja schließlich die Europäische Zentralbank und die kann einfach „Geld drucken“...

Ganz so schnell und so einfach wird es leider nicht gehen. Lass uns einmal in verkürzter, vereinfachter Form ansehen, welche Prozesse, und damit welche Ursache-Wirkungszusammenhänge hier auf wirtschaftspolitischer Ebene angestoßen wurden (denn jede wirtschaftspolitische Maßnahme hat Folgen für eine Volkswirtschaft) und welche Folgen diese Maßnahmen für uns haben müssen.

Zunächst einmal vorab: Ich finde die vorgenommenen wirtschaftspolitischen Maßnahmen grundsätzlich richtig, da sie zumindest für den Moment den andernfalls unausweichlichen Kollaps der Wirtschaft verhindern. Aber wir sollten uns darüber bewusst sein, welchen Preis wir dafür bezahlen werden. Und den werden wir sehr viel länger als nur für ein Jahr bezahlen.

Mit den angestoßenen Maßnahmen – den großzügigen, von der EZB finanzierten staatlichen Rettungsschirmen – möchte man wirtschaftliche Schäden für Unternehmen und Privatpersonen, die sich aus der Corona-Krise und dem Shutdown von Teilen der Wirtschaft ergeben, zu einem Teil abfedern, indem großzügige Subventionen und Unterstützungsgelder verschiedener Art verteilt werden.

Durch neu erlassene gesetzliche Regelungen werden zudem bereits erste Teile der Bevölkerung – nämlich Immobilienbesitzer – zusätzlich finanziell belastet, die nicht zahlenden Mietern – seien es Privatpersonen, kleine Geschäfte oder große Konzern-Ladenketten - ihre Immobilien weiterhin kostenfrei zur Nutzung zur Verfügung stellen müssen. Natürlich werden die Mietzahlungen nur gestundet und sind nachzuholen.

Die Frage ist allerdings, wie stark angeschlagene Unternehmen oder Menschen, die ihre Jobs verloren haben, ganz zu schweigen von insolventen Unternehmen, die gestundeten Mieten zusätzlich zur späteren regulären Miete in der Praxis tatsächlich nachzahlen werden.

Dies kann man bewerten wie man möchte, aber man sollte es zumindest als das anerkennen, was es ist: Eine erste einseitige Belastung bestimmter Vermögeninhaber mit den Kosten der Krise. Weitere solche Belastungen für Besitzer anderer Vermögenswerte (und natürlich auch für die gesamte Bevölkerung) werden zusätzlich zu den Kosten durch die Inflation mit Sicherheit innerhalb der nächsten Monate folgen.

Aber ist das denn wirklich so unausweichlich? Wird das Problem denn nicht durch die Hilfen der Zentralbank bereits zu einem großen Teil gelöst?

Leider nein. Das Problem wird dadurch nur zeitlich nach hinten verschoben und über einen etwas längeren Zeitraum gestreckt. Denn die europäische Zentralbank stellt dieses Geld zur Verfügung, indem sie die Geldmenge erhöht. Bildlich gesprochen wird also zusätzliches Geld „gedruckt".

Und es gibt eine Sache, die bei einer signfikanten Erhöhung der Geldmenge unausweichlich folgen muss, wie Dir jeder Volkswirt bestätigen wird: Und zwar eine erhöhte Inflation.

Denn bei gleichbleibender – und im aktuellen Fall der Corona-Krise durch den Shutdown sogar abnehmender – Wirtschaftsleistung und zugleich steigender Geldmenge sinkt der Wert des Geldes (genauer gesagt der betroffenen Währung) und damit ihre Kaufkraft. Alles wird teurer. Wir bekommen weniger für unser Geld.

Trotzdem kann es sein, dass sich der Euro im Verhältnis zu anderen starken Währungen wie dem US-Dollar nicht bedeutend abwertet, weil andere Zentralbanken ähnliche Maßnahmen ergreifen und auch ihre Währungen sich durch das zusätzlich „gedruckte" Geld, die Erhöhung der Geldmenge, abwerten.

Vereinfacht gesprochen bedeutet das: Wenn alle Währungen später weniger wert sind als heute, wird es für uns auch nicht teurer, andere Währungen zu kaufen. Ich gehe sogar davon aus, dass der US-Dollar sich stärker abwerten könnte als der Euro, weil die Krise die USA in verschiedener Hinsicht härter treffen kann als Europa. Trotzdem werden alle Waren und Dienstleistungen, die wir in den verschiedenen Ländern mit diesen Währungen kaufen können, für uns alle teurer.

Die Preise und damit auch unsere Lebenshaltungskosten werden also unausweichlich steigen. Und zwar ganz gleich, wie stark diese Inflation sich in den Statistiken zeigen wird.

Bevor die Inflation für uns deutlich sichtbar werden wird, wird es allerdings noch ein klein wenig dauern. Und wir werden vorher mit großer Wahrscheinlichkeit für eine kurze Zeit eine Deflation bei einigen Waren und Dienstleistungen erleben, einige Dinge werden kurzzeitig also billiger. Das wird jene Waren und

Dienstleistungen betreffen, für die die Nachfrage durch die Corona-Krise vorübergehend stark sinkt oder gegen Null geht und die Anbieter unter großen finanziellen Druck geraten. Ganz anders als zum Beispiel bei Lebensmitteln, für die viele Händler bereits jetzt die Preise erhöhen, weil eine hohe Nachfrage danach besteht.

Vorübergehend niedrigere Preise sind zum Beispiel für größere Anschaffungen wie Autos oder hochpreisige Möbel zu erwarten, da auch nach dem Shutdown der Wirtschaft die Menschen sich mit größeren Ausgaben aufgrund der Unsicherheit für viele Arbeitsplätze etwas zurückhalten werden. Auch gemieteter Wohnraum könnte etwas günstiger werden, da in Zeiten der Krise besonders sehr teure Mietwohnungen weniger gut vermietbar sind.

Es fehlt hier schlicht an zahlungsfähigen und auch zahlungswilligen Mietern für Wohnraum mit gehobener oder Luxusausstattung. Auch mit Reisen und Hotelübernachtungen werden die Menschen sicher noch eine ganze Weile zurückhaltend sein, um sich keinem gesundheitlichen Risiko auszusetzen.

Und Hotelbesitzer sowie Autohändler und Anbieter anderer Waren und Dienstleistungen, die plötzlich kaum noch Kunden haben und ihre Angebote dringend verkaufen müssen, um zu überleben, werden notgedrungen vorübergehend ihre Preise senken, da es für sie das kleinere Übel darstellt, mit Verlust zu verkaufen, als in die Insolvenz zu rutschen. Auch Immobilienbesitzer werden ihre Wohnungen eher etwas günstiger vermieten, als sie über sehr lange Zeit leer stehen zu lassen.

Neben all dem müssen wir jedoch noch etwas anderes bedenken, das in der öffentlichen Diskussion nur allzu gerne verdrängt wird:

Die massiven finanziellen Unterstützungen der Staaten für die Wirtschaft und die damit verbundene Erhöhung der Geldmenge, die uns eine erhöhte Inflation bringen wird, ist nur eine erste Maßnahme, um den sofortigen Kollaps der Wirtschaft zu verhindern.

Mit diesen Unterstützungszahlungen ist das Problem aus wirtschaftlicher Sicht jedoch längst nicht vollständig erledigt. Denn alle jetzt in der akuten Phase der Corona Krise auftretenden wirtschaftlichen Probleme der verschiedenen Akteure in unserer Volkswirtschaft lösen eigene Kettenreaktionen aus, die über eine längere Zeit verschiedene Effekte hervorbringen und uns so mit ihren Folgen über Jahre begleiten werden.

Lass uns ein Beispiel betrachten:

Weil der Ladenbesitzer sein Geschäft während des Wirtschafts-Shutdown schließen muss, kann er die Miete für seinen Laden für einige Monate nicht mehr bezahlen. Der Vermieter darf ihm nicht kündigen, kann dadurch jedoch seinen Kredit für die Immobilie an seine Bank nicht mehr bedienen, weil ihm plötzlich die Mieteinnahmen vollständig fehlen.

Die Banken sehen sich so über die nächsten Monate mit immer mehr Kreditrückzahlungsausfällen und Anträgen auf Stundungen von Unternehmen, Verbrauchern, Immobilienbesitzern und anderen Betroffenen konfrontiert, und geraten dadurch selbst immer mehr in Liquiditätsengpässe.

Spätestens wenn die Banken dann infolgedessen vor einer Zahlungsunfähigkeit stehen, werden sie sich mit der Bitte um Hilfe an den Staat werden, und dieser wird, um einen Kollaps des Finanzsystems zu vermeiden, die Banken finanziell auffangen. Dies wiederum reißt neue gewaltige Löcher in den Staatshaushalt. Und so werden immer neue Gelder erforderlich, um all die vielfältigen nachgelagerten Effekte dieser Krise abzufangen, die sich erst noch zeigen werden. Doch all das spielt sich nicht innerhalb von 6 Monaten ab, sondern es dauert seine Zeit...

Außerdem wird es trotz der staatlichen Rettungsmaßnahmen für die Wirtschaft zahlreiche Insolvenzen und Firmenumstrukturierungen und somit vorübergehend auch einen starken Anstieg von Kurzarbeit und Arbeitslosigkeit und einen hohen Vermögensverlust der Aktionäre und Gesellschafter geben. Jemand muss für all diese Effekte bezahlen. Doch auch für den Staat hat das große negative Folgen. Denn aus Sicht des Staates bedeutet das:

Die Steuereinnahmen des Staates gehen mit steigenden Unternehmensinsolvenzen, Kurzarbeit und steigender Arbeitslosigkeit immer weiter zurück. Zugleich werden mehr Menschen unterstützungsbedürftig und benötigen Gelder vom Staat.

Die Gesundheitskosten und Maßnahmen zur Umsetzung der neuen „Anti-Corona-Maßnahmen“ verursachen parallel dazu massive zusätzliche Kosten.

Und hier haben wir noch nicht an die Möglichkeit gedacht, dass das Virus sich erneut verbreiten und ein erneuter Shutdown der Wirtschaft zu einem späteren Zeitpunkt beschlossen werden könnte.

All das bedeutet:

Der Staat wird in den nächsten Jahren massiv ansteigende Ausgaben bei zugleich dramatisch sinkenden Staatseinnahmen schultern müssen.

Und wie tut er das? Er muss irgendjemanden zur Kasse bitten, anders geht es nicht. Die Unterstützungen der Zentralbank sind nur temporär und können nicht endlos weiter erfolgen, um nicht eine Hyperinflation zu riskieren. Denn je stärker die Geldmenge erhöht wird, desto stärker verliert die Währung an Wert und desto stärker wird die später folgende Inflation ausfallen.

Der Staat muss und wird deshalb zusätzlich in den nächsten Jahren auch neue Maßnahmen ergreifen, um die Staatseinnahmen zu erhöhen. Denn nur eine Erhöhung der Wirtschaftsleistung wird ein solch immenses Loch im Staatshaushalt nicht auffangen können. Und für diese Maßnahmen werden wir alle (zusätzlich zu dem Wertverlust unseres Geldes durch die Inflation) bezahlen.

Das kann in vielen Formen geschehen. Es kann und wird sicher eine Erhöhung der Sozialabgaben geben, auch eine Erhöhung der Mehrwertsteuer halte ich nicht für ausgeschlossen und auch eine Kopfsteuer wäre denkbar. Natürlich gibt es jede Menge weitere mehr oder weniger offensichtliche Formen der Abgaben an den Staat, von denen wahrscheinlich nach und nach mehrere eingeführt werden.

Neben den hohen Kosten dieser Krise gibt es jedoch auch noch einen anderen Aspekt, der diese Krise besonders macht, und zwar die Tatsache, dass die meisten Staaten in der einen oder anderen Form den Notstand ausgerufen und damit Notstandsgesetze in Kraft gesetzt haben, bei denen nicht nur verschiedene Grundrechte temporär außer Kraft gesetzt werden, sondern der Staat auch weitgehende Befugnisse, unter anderem in Bezug auf Dein Vermögen erhält.

So ist der Staat nach den Notstandsgesetzen beispielsweise befugt, auf harte Vermögenswerte wie Immobilien, Aktien, Gold etc. der Bevölkerung zuzugreifen und diese zu beschlagnahmen, wenn er eine entsprechende Notwendigkeit dafür sieht. Ich halte dieses Szenario derzeit für unwahrscheinlich, aber Du solltest Dir dessen bewusst sein.

Und zuletzt möchte ich mit Dir noch einen kurzen Blick auf die wirtschaftlichen Folgen für andere Länder werfen:

Länder mit starken Weltwährungen wie dem Euro oder dem US-Dollar haben nämlich den großen Vorteil, die Krise finanziell vorerst durch eine Erhöhung der Geldmenge abfedern zu können, um die Länder so vor dem wirtschaftlichen Kollaps und den Staat vor dem Staatsbankrott zu bewahren.

Doch nicht alle Länder sind in dieser Situation. Denn wenn ein Land mit einer schwachen Währung die Geldmenge erhöht, wertet sich die Währung gegenüber anderen Währungen noch stärker ab, sodass wichtige Importe, zum Beispiel von Medikamenten oder anderen überlebenswichtigen Gütern, für das Land nicht mehr bezahlbar wären. Für diese Länder können die in der Krise stark steigenden Staatsausgaben zu einem Staatsbankrott führen. Tatsächlich wird diese Krise wahrscheinlich einige Länder der Erde in die Zahlungsunfähigkeit führen.

Auch kann es innerhalb von Staaten und Staatengemeinschaften zu Verteilungskämpfen und dadurch zu neuen Konflikten kommen. Zum Beispiel durch die derzeit diskutierten europäischen Corona-Bonds, die eine Vergemeinschaftung der europäischen Schulden bedeuten. Und auch innerhalb der Staaten kann und wird es wahrscheinlich früher oder später, wenn die Unternehmensinsolvenzen und die Jobverluste zunehmen, zu Verteilungskämpfen um die staatlichen Subventionen kommen. Denn je größer die Not, und je kleiner der Kuchen unseres Wohlstands wird, desto härter werden in der Regel die Kämpfe.

Warum schreibe ich Dir all das?

Ist es wirklich notwendig und sinnvoll, diesen negativen Aspekten der Krise unsere Aufmerksamkeit zu schenken?

Nun, es ist sicher nicht hilfreich, wenn Du Dich NUR noch mit diesen Fragen beschäftigst. Doch Du willst Dich und Deine Lieben ja sicher durch die Krise führen. Und wie könntest Du das tun, wenn Du die entstehenden Probleme ignorierst und Dich abwendest? Wie könntest Du Dich vorbereiten, wenn Du nicht zumindest für einen Moment genau hinschaust und siehst, dass zumindest die finanziellen Folgen auch Dich und Deine Lieblingsmenschen – genauso wie mich – in jedem Fall betreffen und noch über Jahre begleiten werden?

Keine Sorge: Diese Krise ist ganz und gar kein Grund zu verzweifeln. Du musst Dich von nun an auch nicht für die nächsten Jahre schlecht fühlen. Das wäre alles andere als klug, wie Du später noch sehen wirst. Und natürlich wird auch diese Krise vorübergehen. Das Leben ist immer schön, auch in einer Krise. Und die Sonne wird auch weiter für Dich scheinen!

Trotzdem oder genau deswegen möchte ich Dich einladen, jetzt die Weichen richtig zu stellen, den Mut aufzubringen, einmal hinzusehen und die Situation realistisch zu sehen und einzuschätzen, Dich im zweiten Schritt dazu zu entscheiden, diese Situation nicht als Katastrophe, sondern als Herausforderung und Neubeginn zu bewerten, und Dich dann ganz pragmatisch und in aller Ruhe vorzubereiten, um Dir von nun an ein noch wundervolleres Leben zu erschaffen. Denn eins kann ich Dir mit Sicherheit sagen: Das ist auch – und gerade jetzt - möglich!

Ob Du aus dieser Krise geschwächt oder noch stärker und noch mehr voller Liebe und Dankbarkeit für dieses Leben hervorgehen wirst, ist DEINE Entscheidung!

Was Du aus diesem Kapitel mitnehmen solltest ist daher in erster Linie, dass Du Dich darauf einstellen darfst, dass Dein Lebensstandard in den nächsten Jahren sinken wird – vielleicht sogar deutlich. Durch höhere Abgaben an den Staat, welcher Art auch immer, durch die kommende Inflation, die das Leben für Dich teurer macht, und vielleicht zusätzlich auch durch ausbleibende Einnahmen und Gehälter oder sogar eine vorübergehende Arbeitslosigkeit.

Doch kommen wir nun zur entscheidenden Frage in diesem Kapitel:

Wie kann ich Dir in Anbetracht all dieser bereits erfolgten und noch zu erwartenden negativen Folgen der Krise sagen, dass Du trotzdem keine Angst zu haben brauchst?

Die Antwort lautet:

Weil Du zwar nicht immer die Kontrolle über die Umstände hast, aber weil Du Dich IMMER FREI ENTSCHEIDEN KANNST, wie Du auf Deine Umstände reagierst. Wie Du mit dem Leben umgehst... Mit den sonnigen und mit den dunklen Stunden.

Es liegt in Deiner Hand. Und ich möchte Dir in diesem Buch einen Weg zum Umgang mit diesen neuen Umständen zeigen, der zugleich pragmatisch ist und anerkennt, dass diese Krise noch lange bedeutsame Folgen für uns haben wird, und Dich dennoch optimistisch und glücklich macht, indem Du in praktischen Schritten lernst, auf kluge, besonnene und liebevolle Weise auf die neuen Umstände zu reagieren.

Wenn Du mit meiner Arbeit vertraut bist, dann kennst Du bereits das Lebensmotto des Optimisten, das ich darin gerne anwende:

Der Optimist ist kein weltfremder Lebensflüchter, der die Welt durch die rosarote Brille betrachtet und Gefahren ausblendet, wie ihm oft unterstellt wird, sondern er ist ein weiser Pragmatiker.

Er ist ein Lebenskünstler, der hinsieht, anstatt wegzusehen, der die Dinge so bewertet, wie sie sind, und der dann trotzdem NICHT den Kopf in den Sand steckt, oder sich in die Opferrolle flüchtet, die ihn schwach und sein Leben unter Garantie unglücklich macht, sondern der sich sagt, OKAY, SO IST ES JETZT (radikale Akzeptanz) und sich dann die immer gleiche Frage stellt:

WIE KANN ICH DAS BESTE AUS DIESER SITUATION MACHEN?

Diese Frage scheint simpel, und doch kann sie nur der Kreative, der Proaktive, der wahre Lebensfreund beantworten.

Doch auch wenn es etwas Übung bedarf: Wer auf diese Frage positive Antworten finden will, der findet sie auch. Du weißt ja: Wer etwas will, findet Wege.... Wer nicht will, findet Gründe (warum es nicht geht).

Und hier liegt auch die Antwort auf die Frage verborgen, warum Du trotz all dem, was uns in dieser Krise bereits an Herausforderungen und Verlusten ereilt hat und was uns noch bevorsteht, keine Angst haben musst:

Du musst keine Angst haben, denn Du KANNST Wege finden, wie Du diese Krise nicht nur überstehen, sondern aus ihr heraus ein neues, wundervolles Leben beginnen kannst.

Das Leben ist schön. Und jede Krise geht vorbei.

Lass uns Deine neuen Chancen, Deine neuen Möglichkeiten, die durch diese Krise entstehen, entdecken!

Es gibt immer viele Wege, wie Du etwas Schlechtes in etwas Schönes verwandeln kannst… Und diese Wege werden wir in diesem Buch für Dich ermitteln…

Wenn Du dieses Buch zu Ende gelesen hast, dann wirst Du keine Angst mehr vor dieser Krise haben. Das verspreche ich Dir!

Was unser neues Zeitalter auszeichnet

Wie Du bereits gelesen hast, gehe ich davon aus, dass unser Leben nach der Corona-Krise nicht mehr so sein wird, wie es einmal war. Ja, ich glaube, dass unser altes Leben, wie wir es kannten, der Vergangenheit angehören wird. Wir stehen am Beginn eines neuen Zeitalters.

Doch was zeichnet dieses neue Zeitalter aus?

Nun, wir erleben gerade eine der härtesten Krisen, die die meisten von uns bisher selbst erlebt haben. Und wir werden dadurch aus unserer Komfortzone herausgezwungen und in Innovation und Kreativität hineingezwungen. Wir MÜSSEN jetzt kreativ sein, wenn wir überleben wollen.

Das verändert Persönlichkeiten auf positive Weise. Wir werden stärker, Wir werden resilienter (weil wir es müssen). Und so werden wir über die kommenden Jahre auch unsere Proaktivität und Initiative, unser Eigenverantwortungsgefühl und unsere Lösungsfindungsfähigkeiten weiterentwickeln, und das wird auch unsere Gesellschaft als Ganzes auf neuen, innovativen Wegen voranbringen. Es werden zudem ganz neue Wirtschaftszweige aus der Not heraus entstehen, wie das in Krisen immer der Fall ist.

Wie Du im letzten Kapitel gelesen hast, rechne ich mit einem deutlich niedrigeren Level an Wohlstand und einem niedrigeren Lebensstandard für die kommenden Jahre. Dieser Effekt wird nicht von Dauer sein, aber er wird lange genug andauern, dass wir uns an diesen neuen Lebensstandard gewöhnen und uns mit ihm arrangieren. Wir werden unser altes Wohlstandsniveau wieder erlangen. Aber erst nach einigen Jahren. Und wir werden unsere Gewohnheiten und in vielen Fällen auch unsere materielle Lebenssituation deshalb grundlegend verändern.

Das ist nicht nur negativ: Es wird sehr wahrscheinlich dazu führen, dass wir materielle

Dinge endlich wieder mehr wertschätzen. Dass wir unser Konsumverhalten überdenken und unseren Fokus vom übermäßigen Konsum weg, und auf uns selbst und unsere Schöpferkraft, auf unsere Projekte, unser soziales Umfeld, unseren Planeten, und unsere Gesundheit richten.

Ja, die Krise kann und wird sicher auch dazu führen, dass wir stärker auf unsere Gesundheit achten. Dass wir sie besser pflegen und schützen als bisher. Und dass wir auch dahingehend unseren Lebensstil verändern.

Der Zustand der Entschleunigung und Ruhe, den viele von uns in diesen Zeiten der Ausgangsbeschränkungen erleben, wird wohl nur vorübergehend sein. Dennoch bietet er uns für den Übergang eine seltene Möglichkeit, weniger im Außen zu sein und mehr im Innen anzukommen.

Mit großer Wahrscheinlichkeit wird die globale Vernetzung – insbesondere wirtschaftlich –

und auch die Reisefreiheit noch eine ganz Weile, vielleicht sogar dauerhaft, eingeschränkt und verringert werden, um eine Wiederverbreitung des Virus zu verhindern. Und so werden viele Länder wieder mehr auf wirtschaftliche Eigenständigkeit und eine stärkere Selbstversorgung mit wichtigen Gütern, Lebensmitteln, der Produktion von Medikamenten und kritischer Infrastruktur setzen.

Dieser neue Fokus auf Regionalität nach Jahren der Weltoffenheit bringt uns Vor- und Nachteile. Aber wahrscheinlich bringt er uns auch ein Stück weit zurück ins Hier und Jetzt...

Wahrscheinlich werden wir auch in unserem öffentlichen und privaten Leben für eine lange Zeit oder gar dauerhaft im Namen der Volksgesundheit weniger Freiheiten genießen als bisher.

Und wir werden mit Sicherheit durch diese Krise und die erzwungene soziale Isolation eine starke Fortschreitung der Digitalisierung (besonders im Bildungssektor und auf dem Arbeitsmarkt) erleben, wenn nach der Testphase für Homeoffice und Homeschooling nach dem Ende der Ausgangsbeschränkungen einige dieser Maßnahmen zum Zwecke der Kostenersparnis beibehalten werden.

Und da wir zutiefst soziale Wesen sind, für die eine soziale Isolation keineswegs natürlich ist, und wir zudem durch die großen Veränderungen und die vielen neuen Probleme, die wir und unsere Liebsten gerade erleben, das tiefe Bedürfnis haben, näher zusammenzurücken und uns zu unterstützen, gehe ich davon aus, dass es nach der Aufhebung der sozial isolierenden Maßnahmen einen starken Shift hin zu mehr und vor allem tieferen und bedeutsameren, stabileren sozialen Beziehungen und tieferen zwischenmenschlichen Bindungen geben wird, die unser neues Zeitalter von nun an prägen werden.

Schon jetzt beobachten wir eine Veränderung weg vom überzogenen Individualismus hin zu mehr Solidarität, vom gewohnten Einzelkämpfertum hin zu neuem Gemeinschaftssinn und sozialem Zusammenhalt...

Und nicht zuletzt wird unser neues Zeitalter auch dadurch geprägt sein, dass wir neue Quellen der Sicherheit suchen und finden werden.

Sicherheit ist eines unserer tiefsten Grundbedürfnisse und wo gewohnte Formen der Sicherheit – zum Beispiel materielle Sicherheit, Jobsicherheit, politische und wirtschaftliche Sicherheit – wegfallen, da werden Menschen alles daran setzen, um das Gefühl von Sicherheit, das sie so sehr brauchen, in anderen Dingen zu finden.

Dieser Schritt – das Finden neuer Quellen von Sicherheit – ist wichtig für Deine innere Stabilität und Dein Lebensglück, und auch für Deine seelische Gesundheit. In diesem Buch werden wir deshalb später ganz praktisch neue Quellen der Sicherheit für Dich ermitteln. Ich werde dir drei mögliche Quellen zeigen, die Du jenseits von materiellem Wohlstand und politischer Sicherheit für Dich aufbauen kannst.

Es handelt sich um Dein Urvertrauen, Deine Verbindung zur Natur und um sichere (tiefe und verlässliche) Bindung zu anderen Menschen.

Und ich denke, dass diese drei neuen Quellen der Sicherheit auch unser neues Zeitalter ein Stück weit prägen werden, weil sie uns unser tiefes Bedürfnis nach Sicherheit stillen können und für uns alle verfügbar sind.

Lass uns nun aber in die Praxis kommen und uns anschauen, was Du sofort tun kannst, um Dich von innen stark zu machen und zu stabilisieren, um Deine Angst zu heilen, Deine Existenz zu sichern, und Dich körperlich, mental und wirtschaftlich sicher durch die Krise zu führen, wie Du Deine neuen Quellen der Sicherheit aufbaust und wie Du all die neuen Chancen und Möglichkeiten, die neuen Wege und Quellen des Glücks, die in und nach der Krise auf Dich warten, schon jetzt entdeckst, kultivierst und in vollen Zügen genießt!

TEIL II

TEIL II - DIE ANGST HEILEN

Warum es sinnvoll ist, Deine Angst in der Krise zu heilen

Angst zu haben ist ein vollkommen natürlicher und hilfreicher Überlebensmechanismus. Das Gefühl der Angst entsteht in uns stets als Folge eines ganz bestimmten Gedankens. Genauer gesagt einer bestimmten BEWERTUNG, die wir vornehmen: Es entsteht dann, wenn wir eine Situation oder ein Objekt als BEDROHLICH bewerten.

Wir haben Angst vor akuten und möglichen Gefahren. Und wir haben Angst vor Veränderung. Weil beides für unser Überleben eine akute Bedrohung darstellt. Und im Moment – am Beginn dieser großen Krise - sehen wir uns mit beidem konfrontiert:

Wir stehen einer gesundheitlichen Gefahr und auch einer zum Teil bereits eingetretenen wirtschaftlichen und somit ebenso existenziellen Gefahr gegenüber. Und wir befinden uns mitten in einer gigantischen Veränderung unseres gesamten Lebens und unseres Alltags, die wir noch nicht einschätzen und überblicken können. Und das macht uns Angst.

Unser Gehirn hasst Veränderung, denn es benötigt ein stabiles Weltbild, um die Dinge überblicken und einschätzen zu können und sich so in der Welt zurecht zu finden – denn nur so kann es unser Überleben sichern. Alle Strategien, die es bisher für unser Überleben entwickelt hat, könnten bei einer Veränderung wirkungslos werden. Deshalb halten wir so gerne an altbekannten Gewohnheiten und Sichtweisen fest und wollen auch so gerne recht haben.

Genauso wie Veränderungen stellen aber natürlich auch reale gesundheitliche und wirtschaftliche Gefahren eine Bedrohung für unser Überleben dar, die unser Gehirn in Alarmzustand versetzt.

Es ist vollkommen menschlich und natürlich, dass Du gerade Angst hast. Angst zu haben verschafft uns kurzfristig auch viele Vorteile: Es schärft unseren Fokus, macht uns wachsam, erhöht unser Reaktionsvermögen und bereitet unseren Körper durch die Ausschüttung von Adrenalin, eine höhere Muskelspannung und einen schnelleren Herzschlag darauf vor, auf die Gefahr zu reagieren – mit Kampf oder Flucht.

Doch Angst kann auch zerstören... Sie kann unseren klaren Verstand ausschalten, kann uns geistig und auch körperlich krank machen, wenn sie unseren Körper zu lange mit Stresshormonen flutet, die nicht abgebaut werden.

Sie hindert uns daran, rationale, besonnene Entscheidungen zu treffen, nimmt uns die Fähigkeit, die Dinge mit der nötigen Distanz zu betrachten und zu bewerten. Und sie raubt uns langfristig immer mehr unsere Kraft und lässt uns irgendwann vollkommen erschöpft zurück.

Unsere Angst hindert uns daran, uns selbst besonnen und ruhig durch die Krise zu führen, und sie schwächt ganz massiv unser Immunsystem! Und genau das wollen wir in Zeiten der Corona-Krise natürlich vermeiden! Jetzt wollen wir ein besonders starkes Immunsystem haben.

Aus diesem Grund möchte ich Dir in diesem Kapitel zwei Techniken vorstellen, wie Du Deine Angst abbauen oder sogar heilen kannst. Diese Methoden werden Dich ruhiger, stärker und widerstandsfähiger machen und Dich in Deine Kraft bringen.

Fragetechnik, die Dich von der Angst in die Gelassenheit führt

Ich möchte Dir hier zunächst 3 einfache Fragen vorstellen, die Dich von der Angst in die Gelassenheit bringen. Im nächsten Kapitel stelle ich Dir weitere Fragen vor, die Dich vom Gefühl der Hilflosigkeit zurück in Deine Macht und Schöpferkraft führen.

Beantworte die folgenden Fragen für mindestens 7 (besser 14) Tage schriftlich und jeden Tag wieder aufs Neue. Finde täglich neue Antworten.

Die Fragen erscheinen simpel, kosten jedoch Überwindung, wie Du in der Praxis sehen wirst. Überwinde Dich unbedingt und beantworte sie jeden Tag aufs Neue (schreibe jeden Tag 2 neue Dinge auf, die Dir Angst machen und löse Dich durch die Fragen von Deiner Angst) und Du wirst sehen, dass diese Technik hochwirksam und sehr machtvoll ist!

Du kannst sie auch nach der Krise immer wieder für Dich nutzen, wenn Dir Dinge im Leben Angst machen, um Dich selbst von der Angst in die Gelassenheit und ins praktische TUN zu führen, um Deine Situation zu verbessern oder zu stabilisieren, oder um Dich auf drohende Gefahren sinnvoll vorzubereiten, anstatt in Angst zu erstarren und Dich zu verkriechen:

Frage 1:

Welche 2 Dinge machen mir gerade am allermeisten Angst? Was ist meine größte Befürchtung? Worin sehe ich die größte Gefahr für mich, meine Lieben und unsere Gesellschaft?

Frage 2:

Notiere zu beiden Gefahren, die Dich im Moment ängstigen, die Wahrscheinlichkeit in Prozent, mit der Du diese Gefahr Realität werden siehst.

Zum Beispiel: Meine Angst, dass ich durch die Krise meinen Job verliere, halte ich zu 30% für wahrscheinlich… Meine Angst davor, dass mein Vater an Corona erkrankt – halte ich aufgrund seiner Vorerkrankungen und andererseits aber seines vorsichtigen Verhaltens zu etwa 60% für wahrscheinlich.

Frage 3:

Angenommen, beide meiner Ängste würden Realität werden (in diesem Beispiel: ich würde meinen Job verlieren und mein Vater würde an Corona erkranken): Welche 5 praktischen Maßnahmen könnte ich dann sofort ergreifen, um zu helfen, um mich zu stabilisieren, um mit der neuen Situation zurecht zu kommen und das Problem zu lösen?

Überlege Dir für jede Angst 5 ganz praktische Dinge, die Du selbst sofort TUN kannst, um die Situation zu verbessern und die Gefahr zu mildern und erträglicher zu machen.

Schiebe Gedanken wie „da kann ich nichts mehr tun“ oder „das hat doch sowieso keinen Sinn“ Wer sollte mich in diesen Zeiten schon einstellen“ oder „Was sollte ich noch für meinen armen Vater tun können, außer vor Sorge die Nächte wach zu liegen“ bewusst zur Seite. Gib ihnen keine Macht über Dich, denn sie führen Dich in die Illusion der Ohnmacht und sind schlicht falsch!

Komme stattdessen ins TUN. Wenn auch vorerst in dieser Übung nur in Gedanken... Und erlebe Deine Stärke.

Vielleicht könntest Du Deinem Vater etwas zur Stärkung seiner Abwehrkräfte schicken, ihm einfache Atemübungen zeigen, mit denen er seine Lungenfunktion trainieren kann (zum Beispiel über ein Online-Video, das Du ihm schickst), für ihn einkaufen gehen und ihm immer wieder Mut zusprechen und ihn emotional auffangen...

Du kannst IMMER etwas tun! Und je mehr Du beschäftigt bist mit praktischem TUN zur Lösung oder Minderung eines Problems, desto weniger hast Du Angst....

Fragetechnik, die Dich von der Hilflosigkeit zurück in Deine Schöpferkraft führt

Das Gefühl von Hilflosigkeit, das aus unserer Beurteilung heraus entsteht, dass wir einer Situation gegenüber hilflos ausgesetzt sind, macht uns nicht nur Angst, weil wir uns dadurch ohnmächtig und ausgeliefert fühlen. Die sogenannte erlernte Hilflosigkeit ist auch ein häufiger Grund, warum Menschen in eine Depression geraten können.

Es hat dann alles keinen Sinne mehr, so fühlen wir... Es spielt keine Rolle mehr... Denn das, was wir wirklich wollen, das einzige, was uns wirklich wichtig ist, das haben wir für immer verloren oder das können wir ohnehin niemals oder nicht mehr bekommen. Hoffnungslosigkeit ergreift uns und lähmt uns.

In diesen Zustand der Hilflosigkeit kann uns auch eine schwere Krise wie die aktuelle Corona-Krise bringen, wenn sie uns besonders hart trifft, denn wir fühlen uns dann hilflos und ohnmächtig, dem Leben und den Ereignissen vollkommen ausgeliefert.

Ich möchte Dir deshalb nun eine einfache Fragetechnik vorstellen, wie Du Dich aus dem Gefühl der Hilflosigkeit befreist.

Du wirst jetzt vielleicht sagen:

Aber ich BIN doch hilflos! Welchen Einfluss habe ich schon auf die Ausbreitung oder die Wiederverbreitung eines Virus, auf die politischen Maßnahmen, auf die wirtschaftlichen Konsequenzen, die mich erwarten, auf die finanziellen Verluste, die ich bereits erlitten habe, auf die Möglichkeit, dass ich meinen Job verlieren könnte, auf all die anderen beängstigenden Veränderungen, die ich heute noch nicht einmal absehen kann?

Ich kann Dir versichern: Du HAST Einfluss! Du HAST Macht! Im Kleinen sowieso. Und im Großen auch! Doch diesen Einfluss wirst Du nur ausüben und nutzen können, wenn Du ihn erkennen und klar sehen lernst.

Ich möchte Dir gleich eine Methode vorstellen, wie Du Dich selbst aus Deinem Gefühl der Hilflosigkeit herausführen und Deine Möglichkeiten und Deine Macht wiedererkennen wirst.

Dieser Schritt ist essenziell wichtig, um Dich selbst stark und sicher durch die Krise der nächsten Jahre – und durch jede andere schwere Zeit Deines Lebens - zu führen. Du solltest ihn auf keinen Fall auslassen.

Denn solange wir hilflos sind, sind wir machtlos. Und solange wir machtlos sind, können wir keinen Einfluss nehmen auf unser Leben, können wir nichts tun, um uns zu schützen, um anderen zu helfen, um Unheil aufzuhalten, um entstandene Schäden zu reparieren, um aus den neuen Problemen neue Möglichkeiten zu machen, um vom Boden aufzustehen, nachdem wir fallen, um unser Leben wieder aufzubauen und neues Glück zu suchen.

Du erhältst nun eine Reihe von Fragen von mir, die Du Dir für eine Weile täglich immer wieder neu beantworten kannst. Am besten schriftlich, um die Antworten tiefer in Deinem Gedächtnis zu verankern und so mit der Zeit Dein Denken zu verändern.

Die Fragen lenken Deinen Fokus hin zu anderen Aspekten Deiner Realität, die selbst jetzt in der Krise bereits da sind, aber die Du wahrscheinlich nicht mehr wahrnehmen kannst, wenn Du einmal in den Zustand der Hilflosigkeit geraten bist. Es sind die Aspekte Deiner Möglichkeiten, Deines Einflussbereichs, in dem Du erschaffen, verändern, steuern und bestimmen kannst.

Der Zustand der erlernten Hilflosigkeit verstärkt sich selbst. Du weißt bereits, dass unser Gehirn, um unser Überleben zu sichern, um jeden Preis ein stabiles Weltbild benötigt, um sich in der Welt zurecht zu finden und Gefahren frühzeitig erkennen und seine Schutzstrategien anwenden zu können.

Deshalb wird es, sobald wir einmal davon überzeugt sind, dass wir hilflos sind und uns weder schützen, noch bekommen können, was wir brauchen (ein falscher Glaubenssatz mit fatalen Folgen) überall in der Realität neue Beweise für diese Überzeugung finden und in unserem Gedächtnis abspeichern, während es gegenteilige Beweise oder Ereignisse, die das Gegenteil aussagen könnten, gar nicht mehr registriert oder bewusst ausblendet oder in einer Weise argumentativ „verdreht“, dass unser altes Weltbild der Hilflosigkeit wieder hergestellt ist.

Lass uns dieses Weltbild (und Selbstbild) aus Deinem Kopf verabschieden, indem wir Deinen Fokus darin trainieren, die anderen Aspekte der Realität, die ebenso da sind, wieder bewusst zu erkennen.

Nämlich die Tatsache, dass Du Macht und Einfluss auf die Gefühle und das Verhalten von Dir selbst und anderen Menschen hast, dass Du eine kreative Schöpferkraft in Dir trägst, die es Dir ermöglicht, Dich selbst aus Krisen zu führen, Phasen der Entbehrung durchzustehen, in der Dunkelheit das Schöne zu erkennen, und aus belastenden Lebensereignissen etwas Gutes zu machen.

Dass Du die Fähigkeit hast, Deine innere Stärke und Deine Fähigkeiten aufzubauen und weiterzuentwickeln, falls das nötig sein sollte, um gut durch diese Krise zu kommen, dass zu ANPASSUNGSFÄHIG UND LERNFÄHIG bist, und damit nach der Darwinschen Theorie zu den (auch psychisch) Überlebenden gehören wirst.

Dass es immer viele verschiedene Wege gibt, Dir Deine wichtigsten Bedürfnisse zu erfüllen und dass DU SELBST dafür sorgen kannst und dafür niemals von einer bestimmten anderen Person oder ganz bestimmten äußeren Umständen abhängig bist.

2 Aufgaben, mit denen Du Dich aus der Hilflosigkeit befreist:

Aufgabe 1: Fragen zum Verändern Deiner Perspektive

Beantworte die folgenden beiden Fragen für die kommenden 7-10 Tage täglich wieder von Neuem. Gehe dafür jede Frage wieder von vorne durch und finde eine neue Antwort darauf. Notiere Deine Antworten in Stichpunkten schriftlich. Wenn Du Dich in einem hartnäckigen Zustand gefühlter Hilflosigkeit befindest, dann kannst Du Dir auch länger, zum Beispiel für einige Monate einmal in der Woche Zeit nehmen, um diese Fragen immer wieder neu für Dich zu beantworten. Zu Beginn solltest Du es aber täglich tun.

Frage 1:

Welche bisher unbekannte Macht hast Du in Wahrheit über die Situation, in der Du Dich so hilflos fühlst? Wenn Du ganz realistisch bist:

Welche Einflussmöglichkeiten hast Du wirklich?

Schreibe sie auf!

Wie kannst Du die Gefühle der Menschen oder den Verlauf von Ereignissen, bei denen Du Dich hilflos fühlst, in Wahrheit doch beeinflussen? Welche ganz konkreten, praktischen Möglichkeiten hast Du? Auch kleine Dinge zählen. Was kannst Du noch heute und noch diese Woche praktisch TUN, um die Situation, in der Du Dich hilflos fühlst, zum Besseren zu verändern?

Frage 2:

Heile Deine Angst vor der Macht!

Was Du jetzt erfährst, wird Dich vielleicht überraschen: Wir Menschen haben Angst vor unserer eigenen Macht.

Dahinter verbergen sich nicht nur Minderwertigkeitsgefühle, wie oft angenommen, sondern auch die Angst, Fehler zu machen oder (versehentlich) große Schäden zu verursachen, weil wir vielleicht eine falsche Entscheidung treffen, etwas Wichtiges übersehen oder einen Fehler in der Umsetzung machen, für den wir uns dann verantwortlich und schuldig fühlen müssen.

Wir schrecken vor dem Gefühl der SCHULD zurück, das in unseren Köpfen oft mit der Macht verbunden ist. Wir wollen uns keine Schuld aufladen. Deshalb bleiben wir so oft lieber passiv.

Doch Macht ist an sich nichts Schlechtes. Wir können unsere Macht destruktiv oder auch im höchsten Maße konstruktiv, liebevoll und heilend einsetzen. Wenn wir in unsere Macht kommen, können wir Wunder bewirken...

Beantworte Dir selbst die Frage:

Wie kann ich auf liebevolle Weise meine Macht in der Krise, in meiner jetzigen Situation oder meine Macht über die Menschen in meinem Umfeld nutzen, um sie glücklich zu machen oder um die aktuelle Situation für alle Beteiligten in meinem Umfeld leichter, schöner, unbeschwerter und erfüllter zu machen?

Wie kann ich heute meine Macht nutzen, um mehr Glück in einem anderen Menschen hervorzurufen oder eine Situation liebevoll zu verbessern?

Erlebe Dich selbst als liebevoll machtvoll!

Der Zauber an dieser Übung ist: Jedes Mal, wenn ich das tue, wenn ich jemanden glücklich oder eine Situation ganz praktisch und im Alltag unmittelbar spürbar besser mache, dann spüre ich meine Macht, und ich spüre, wie ich damit Gutes tue...

Und im gleichen Ausmaß schwindet deshalb meine Angst vor der Macht, und damit auch mein Gefühl der Hilflosigkeit. Denn ich sehe, dass es in meiner Macht liegt, liebevoll Einfluss auf diese Welt zu nehmen und dass ich dadurch GUTES entstehen lassen kann und so muss ich keine Angst mehr davor haben, mich schuldig zu machen.

Denn in Wahrheit hat unser Gefühl der Hilflosigkeit, das wir vielleicht schon unser ganzes Leben in uns tragen, uns all die Jahre gar nicht gesagt „ICH KANN NICHTS BEWIRKEN“, sondern es hat uns gesagt „ICH KANN NICHTS GUTES BEWIRKEN!“ (ein entscheidender Unterschied) und genau deshalb haben wir Angst vor unserer eigenen Macht bekommen und sind in der Passivität geblieben.

Ich möchte Dich einladen, jetzt aufzustehen, in Deine Macht zurück zu gehen, zu erkennen, dass es DEINER Entscheidung unterliegt, sie liebevoll einzusetzen, um die Welt um Dich herum nach Deinem Willen positiv zu verändern.

Nicht mit Kampf, mit Druck und Gegendruck (zum Beispiel in Form von Verteidigung), sondern mit unabhängiger liebevoller Einflussnahme auf die Menschen und Dinge um Dich herum... Mit Hilfe, Solidarität und Unterstützung für Andere in dieser Krise.

Aufgabe 2:

Beweise Dir selbst, dass auch Du diese liebevolle Macht besitzt, und befreie Dich so von Deinem Glaubenssatz (Deiner inneren Überzeugung) dass Du hilflos bist.

Denn wenn Du meine Arbeit kennst, dann weißt Du, dass Du negative Glaubenssätze nur auflösen kannst, indem Du in der Praxis, und nicht nur in der Theorie, Gegenbeweise sammelst, die diese alten Glaubenssätze unglaubwürdig machen.

Wenn das für Dich neu ist und Du mehr darüber erfahren willst, dann hole Dir gerne auf meiner Webseite als Geschenk meine Anleitung, wie Du Dich von negativen Glaubenssätzen befreist und arbeite damit parallel zu diesem Buch: http://www.cosima-sieger.de/geschenk/

Doch nun zur Aufgabe:

Tue diese Woche jeden Tag mindestens eine Sache, um Deine aktuelle Situation in der Krise oder auch die Situation von Menschen, die Dir am Herzen liegen, mit Hilfe DEINER ganz ureigenen liebevollen Macht und Deinem kreativen Einfallsreichtum besser, schöner, leichter, konstruktiver, erfüllter oder erfolgreicher zu machen.

Jeden Tag eine Sache...

So befreist Du Dich von Existenzängsten

Wir wissen inzwischen, dass die Corona-Krise uns unmittelbar in eine Wirtschafts- und Finanzkrise führen wird bzw. schon damit begonnen hat.

Vielleicht hast Du während des Shutdowns bereits große wirtschaftliche und finanzielle, ja existenzielle Schäden erlitten, vielleicht fürchtest Du aber auch, dass das noch kommen könnte, zum Beispiel durch einen folgenden Jobverlust oder eine Unternehmensinsolvenz...

Neben der Angst um unsere Gesundheit ist die Angst um unsere Existenz die größte Angst, die uns im Moment umtreibt.

Und da zu viel Angst ungesund ist und Dich daran hindert, gut durch die Krise zu kommen, möchte ich Dir in diesem Kapitel eine Methode vorstellen, wie Du Dich in zwei praktischen

Schritten von Existenzängsten befreien oder sie deutlich mindern kannst.

Und los geht's!

Schritt 1:

Bereite Dich auf den Worst Case vor - Finde eine Lösung für Dein Problem, noch bevor es auftritt

Wenn wir uns in einer kritischen Situation für den schlimmstmöglichen Fall wappnen, wenn wir uns auf das Worst Case Szenario vorbereiten, ganz gleich, ob es überhaupt jemals eintritt oder nicht, dann gewinnen wir bereits im Moment der Vorbereitung einen großen Schub an Gelassenheit und Leichtigkeit.

Wir können dann leichter mit dem Risiko leben, und dennoch unser Leben weiter genießen, ja wir können dann sogar lernen, uns von diesem Risiko nicht mehr stören oder aus der Ruhe bringen zu lassen.

Doch was kannst Du ganz praktisch tun, um Dich vorzubereiten?

Zunächst einmal darfst Du – trotz aller drohenden, und durchaus realen Gefahr – Deine Perspektive verändern:

Was Du dafür tun kannst, ist so einfach zu verstehen, wie es schwer ist, umzusetzen – zumindest am Anfang:

Setze Deine Probleme in Perspektive und in Relation zu Deinem gesamten Leben!

Oftmals blähen wir mögliche drohende Gefahren in unserem Kopf dadurch künstlich auf, dass wir uns gedanklich viel mit ihnen beschäftigen und sie erscheinen uns dadurch viel größer als die tatsächlich sind.

Vor allem wird in dem Maße, in dem wir unsere Aufmerksamkeit auf diese Gefahren richten (vielleicht um über eine Lösung nachzudenken), unsere Aufmerksamkeit von den vielen Dingen abgezogen, die in unserem Leben großartig sind. Wir verlieren den Blick dafür und versteifen uns auf die Gefahren, was sie noch bedrohlicher und belastender werden lässt.

Gehe die folgenden 3 Schritte, um gelassener mit den neuen Gefahren zu leben, die sich durch die Krise ergeben:

Schritt 1:

Notiere genau, welche Gefahren Du durch die Krise auf Dich zukommen siehst, die Deine Existenz bedrohen könnten, schreibe Dir auf, wovor Du Angst hast. Verdränge diese Gefahren nicht!

Schritt 2:

Sieh Dir nun jede dieser Gefahren einzeln an und setze eine nach der anderen in Bezug zu Deinem gesamten Leben, um zu erkennen, welche Bedeutung und welchen Stellenwert sie tatsächlich für Dein GESAMTES Leben hat. Du relativierst auf diese Weise die Gefahr (was nicht heißt, dass Du sie verleugnest) und nimmst ihr die Wichtigkeit und so auch die Macht über Dich und Dein Leben.

Lass mich Dir ganz bewusst ein recht extremes Beispiel geben:

Angenommen Du bist durch die Krise bereits jetzt bankrott und verschuldet (oder siehst dieses Szenario in nächster Zukunft auf Dich zukommen) und bist deshalb der Verzweiflung nahe. Dann könntest Du Dir sagen:

Mein Leben ist ein voller Erfolg. Denn ich habe einen gesunden Körper, eine Familie, die mich liebt und eine schöne kleine Wohnung, in der ich mich wohl fühle. Ich habe die Welt gesehen und in den letzten 3 Jahrzehnten viel Geld verdient und unzählige kleine und große berufliche Erfolge erzielt. Durch die größte Krise unseres Landes in den letzten Jahrzehnten ist diese Phase nun zunächst für mich vorüber und ich darf ein neues Leben beginnen und werde darin für eine Zeit weniger Geld zur Verfügung als zuvor. Trotzdem werde ich jeden Tag satt, habe weiter ein schönes warmes Zuhause, Menschen, die mich lieben, und ich darf weiter jeden Tag (etwas Neues) arbeiten, lachen, die Sonne genießen, mit meinen Kindern spielen und auf dieser Erde meine Erfahrungen machen...

Wenn Du Dein Problem wieder in einer gesunden Perspektive und im Verhältnis zu Deinem restlichen Leben sehen kannst, lässt es sich gleich viel besser damit leben.

<u>Schritt 3:</u>

Auch wenn Du heute noch nicht wissen kannst, ob die Gefahr, vor der Du Angst hast, tatsächlich eintritt und Deine Existenz bedroht, so kannst Du dennoch JETZT etwas tun, um mit dieser befürchteten Gefahr (und der Angst davor) besser klar zu kommen.

In dem Beispiel mit der Verschuldung könntest Du z.B. einen Plan aufstellen, wie und bis wann Du Deine Schulden zurück zahlen wirst, und Du könntest Dir überlegen, wie Du die kommenden Jahre mit wenig Geld so gestaltest, dass Du Dir dennoch – auch ohne Geld – ein schönes Leben machst.

Es geht hier im Wesentlichen darum, kreativ zu werden und Dir Lösungen zu überlegen, wie Du auch MIT Deinem Problem zufrieden und glücklich leben und es Dir gut gehen lassen kannst.

Denn genau dann wird Dir Dein Problem nicht mehr so bedrohlich erscheinen und Dir so auch nicht mehr so viel Angst machen.

Doch wie geht das?

Dafür gibt es bei jedem nur möglichen Problem unzählige Möglichkeiten und ich bin sicher, wenn Du erst einmal Deine Kreativität fließen und den Gedanken zulässt, dass Du auch trotz Deiner Probleme ein wunderbares Leben führen kannst, werden Dir sehr viele Wege einfallen. Schreibe sie auf!

Wenn Du damit Schwierigkeiten hast, dann lies Bücher über Menschen, die trotz großer Herausforderungen oder Benachteiligungen im Leben oder auch trotz ähnlicher Schicksalsschläge glücklich leben und Großes geleistet haben.

Solche Berichte werden nicht nur Dein eigenes Problem in die richtige Perspektive setzen und es sofort viel kleiner erscheinen lassen, sondern sie werden Dich auch dazu inspirieren, andere, vielleicht auch ungewöhnliche Wege zu gehen, um mit einem unlösbaren Problem glücklich zu leben und Dir Deine Lebensfreude auch nicht nehmen zu lassen. Denn wo Dich die gewöhnlichen Wege nicht mehr weiter führen, da kann es Zeit sein für ungewöhnliche Wege....

Wenn Du diese Strategie umsetzt, gewinnst Du sofort Gelassenheit. Du trainierst damit aber zusätzlich auch Deine Fähigkeit, Lösungen für Krisen und schwierige Lebenssituationen zu finden und dadurch wächst Dein Selbstvertrauen, also das Vertrauen in Deine Kräfte, ganz massiv. Das wird Dir künftig auch ganz allgemein im Leben eine größere Gelassenheit schenken und Dich neuen Problemen und Krisen in Deinem Leben ruhiger und zuversichtlicher entgegentreten lassen.

Schritt 2:

Stärke Dein Selbstvertrauen und denke daran: Der Anpassungsfähige überlebt!

Der zweite Schritt gegen Existenzängste ist ein starkes Selbstvertrauen, also ein tiefes und echtes VERTRAUEN in Deine eigenen Fähigkeiten und Kräfte. Denn wenn Du mutig, offen und anpassungsbereit, sowie proaktiv und lösungsorientiert bist, dann wird selbst ein Jobverlust nicht Deine Existenz gefährden. Er wird einfach nur die Tür zu etwas Neuem in Deinem Leben öffnen.

Denn Du kannst immer eine wertvolle Arbeit für die Gesellschaft tun, wenn Du von Deinem eigenen Wert überzeugt bist und an Dich glaubst, und wenn Du bereit bist, Dich mit neuen Fähigkeiten einem neuen Markt zu stellen und stetig dazu zu lernen. Die Fähigkeit zu lernen, ist keine Frage des Alters, sondern des Trainings. Und selbst Intelligenz ist trainierbar und lässt sich durch Training steigern!

Dafür musst Du aber an Dich glauben.

Es gibt viele Wege, Dein Selbstvertrauen zu steigern. Bitte beantworte Dir selbst doch heute einmal ganz ehrlich, wie es um Dein Selbstvertrauen im Moment bestellt ist.

Wenn Du das Gefühl hast, dass es noch nicht allzu gefestigt ist, und das vielleicht Deine Existenzängste, oder auch andere Ängste, verstärkt, dann arbeite daran:

Mache dafür insbesondere die Übungen und Praxisschritte aus Teil III dieses Buches – Wie Du Dich von innen stark machst.

Schreibe Dir zusätzlich ab heute jeden Abend 3 Dinge auf, die Du heute gut gemacht hast oder kleine Erfolge, die Du erzielt hast (auch ganz kleine Dinge zählen).

Das lenkt Deinen Fokus immer wieder auf Deine Stärken und Erfolge und da immer das wächst, worauf wir unsere Aufmerksamkeit richten, wirst Du Dich bereits durch diese simple Übung mit der Zeit stärker und stärker fühlen und beginnen, an Dich zu glauben.

Wenn Du systematisch mehr für Dein Selbstvertrauen tun willst, kannst Du auch mit dem 30 Tage Praxisprogramm aus meinem Buch „Das große Selbstbewusstsein Übungsbuch" arbeiten. Dort findest Du alles, was Du für ein unerschütterliches Selbstvertrauen brauchst.

Finde DEINE Chance in der Krise und heile Deine Angst

Die Krise, in der wir uns befinden, bietet zahlreiche Chancen sowohl für Dich, als auch für die Allgemeinheit und unseren Planeten. Wir werden auf diese Chancen im letzten Teil des Buches schauen.

Da wir in diesem Kapitel jedoch Deine Angst in Zuversicht und Gelassenheit verwandeln wollen, werden wir uns nun gezielt schon einmal auf Deine ganz persönlichen Chancen in der Krise fokussieren. Denn genau das wird Deine Angst noch ein Stück weiter heilen lassen.

Angst ist immer ein Gedanke, genauer gesagt ein Gefühl, das durch einen angstauslösenden Gedanken erzeugt wird. Und dieser Gedanke ist die BEWERTUNG einer Situation (oder eines Objektes) als bedrohlich.

Wenn wir unsere Bewertung der Situation oder des Objektes verändern und es nicht mehr als so bedrohlich bewerten, dann wird auch unsere Angst sich zurückbilden. Das trifft übrigens auf alle Ängste zu.

Lass uns daher jetzt Deine Bewertung dieser Krise verändern.

Du hast nämlich JETZT, da die Welt und unser Alltag sich wandeln, die Chance, Dich neu zu erfinden, Deine Werte und Lebensprioritäten noch einmal neu (oder zum ersten Mal) zu überprüfen. Ein neues Leben in einer neuen Welt zu beginnen...

Dich selbst in Deine höchste Kreativität zu bringen. Die Entwicklung Deiner Persönlichkeit und auch Deine innere Stärke explodieren zu lassen, denn JETZT ist die Trainingsgelegenheit für Deine innere Stärke gekommen. Du hast jetzt die Gelegenheit, Dir selbst und der Welt zu zeigen, dass Du für die Welt bedeutsam und unverzichtbar bist. Die Welt ein Stück weit mit zu retten. Dir Dein tiefes menschliches Bedürfnis nach Bedeutung in dieser Welt zu erfüllen…

Mehr Zeit und Ruhe zu genießen, Dich langsamer durchs Leben zu bewegen, weniger zu TUN, endlich herunter zu fahren, mehr Zeit mit Deinen Kindern zu verbringen… Konsumverzicht in Teilen zu erleben und die Vorteile zu erfahren…

Du kannst all Deine Fehler der Vergangenheit hinter Dir lassen, noch einmal ganz neue Entscheidungen treffen!

Und das sind nur einige ganz allgemeine Chancen, die Du jetzt bereits in Zeiten der Krise hast.

Um Deine aktuelle Situation neu und weniger bedrohlich zu bewerten und damit aus der Angst zu kommen, möchte ich Dich einladen, Deinen Fokus noch stärker auf DEINE ganz persönlichen Chancen zu richten, die sich durch die Krise ergeben.

Bitte wäge sie an dieser Stelle nicht gegen die Nachteile ab, die sich Dir vielleicht auch entgegenstellen, sondern entführe Deine Aufmerksamkeit einmal ganz in das Land der neuen Möglichkeiten.

Welche Chancen, Vorteile und Möglichkeiten hast Du jetzt gerade durch die Krise, die Du vorher nicht in dieser Form hattest?

Welche Chancen, Vorteile und Möglichkeiten wirst Du wahrscheinlich in den kommenden Monaten, und vielleicht Jahren, durch diese Krise gewinnen und für Dich nutzen können, die Du bisher nicht – ja vielleicht noch nie in Deinem Leben - hattest?

Schreibe Dir alle Vorteile, Chancen und Möglichkeiten auf, die Du für Dich siehst.

Wenn Du magst, kannst Du anschließend auch noch alle Vorteile, Chancen und Möglichkeiten aufschreiben, die Du durch die Krise für die liebsten Menschen in Deinem Leben siehst.

Wenn Du Dir auch ihre neuen Möglichkeiten bewusst machst, wirst Du Dir nicht nur weniger Sorgen um sie machen, sondern Du kannst sie auch ganz wunderbar trösten und ihnen Mut machen, wenn sie die Chance der Krise für sich einmal nicht mehr sehen können...

Falls Du unter hartnäckigen Ängsten oder Angststörungen leiden solltest, Dir mehr Hilfe wünschst und mit System gegen Deine Ängste vorgehen möchtest, dann arbeite gerne auch mit meinem Buch „Die 5 Schritte Methode zum Ängste überwinden". Dort bekommst Du eine genaue Anleitung, wie Du Dich auch von hartnäckigen (langjährigen) Ängsten befreist.

TEIL III

TEIL III - WIE DU DICH VON INNEN STARK MACHST

So verbindest Du Dich mit Deiner inneren Kraft und stärkst Deine Resilienz

Zu Beginn dieses dritten Teil des Buches, in dem wir Deine innere Stärke und Resilienz aufbauen werden, um Dich gut und sicher durch die Krise zu führen, möchte ich Dir gerne eine Übung mitgeben, die Dir einen echten Schub an innerer emotionaler und mentaler Stärke verleihen wird!

Vielleicht kennst Du sie bereits, wenn Du mit meiner Arbeit vertraut bist. Ich stelle diese Übung gerne in meinen Büchern vor, weil sie ein so unschlagbar einfaches Instrument ist, um von innen heraus stark und unbesiegbar zu werden, und um zugleich die Kontrolle über unsere eigenen Gedanken und unseren Fokus zu gewinnen und gezielt zu trainieren und zu verstärken, und mir wichtig ist, dass jeder meiner Leser sie kennt und praktizieren kann.

Und auch für Dich kann diese Übung Gold wert sein, um Dich von innen stark zu machen und Deine Resilienz (Deine psychische Widerstandskraft) aufzubauen.

Es handelt sich dabei um eine simple, aber sehr mächtige Zen-Meditation, mit der Du bereits innerhalb von wenigen Tagen deutlich spürbare Fortschritte erzielen wirst.

Meine Übung hilft Dir übrigens zusätzlich auch dabei, eine Verbindung zu Deinem inneren Kern aufzubauen und ein Gespür für Dich selbst zu entwickeln.

Wenn Du sie regelmäßig machst, wirst Du Dich stark und weniger abhängig von anderen Menschen und den Umständen in Deinem Leben fühlen.

Ich empfehle Dir, diese Übung morgens und abends für jeweils wenige Minuten zu machen.

Und so geht es:

Setze Dich bequem und mit aufrechtem Rücken im Schneidersitz auf einen harten Untergrund (z.B. auf einen Teppich), schalte Dein Telefon aus und schließe die Augen. Atme ruhig ein und aus und beginne, Deine Aufmerksamkeit auf Deinen Atem zu richten und ihn zu verfolgen, bis Du innerlich ruhig wirst.

Stelle Dir dann eine weiße Fläche vor. Sobald Gedanken, Bilder oder Erinnerungen auftauchen (was bei Anfängern in der Regel alle paar Sekunden geschieht), schiebe diese Gedanken und Bilder beiseite, bis die weiße Fläche vor Deinem inneren Auge wieder frei ist. Verliere die weiße Fläche niemals aus dem Blick.

Wenn Du nach einigen Minuten die Augen wieder öffnest, wirst Du Dich unmittelbar stärker, fokussierter, klarer, in Dir ruhend und mit Dir verbunden fühlen. Und mit jeder Meditation nimmt diese Wirkung zu, da Deine Konzentrationsfähigkeit immer weiter trainiert wird.

Wahrscheinlich wird es Dir anfangs nicht möglich sein, Dich 10 Minuten voll zu konzentrieren. Das ist kein Problem, steigere Dich einfach langsam. Beginne mit 4 oder 5 Minuten voll konzentrierter Meditation morgens und abends und steigere Dich jeden Tag um eine Minute.

Wichtig ist aber, dass Du in diesen Minuten wirklich alles gibst (wie bei einem körperlichen Workout) und 100% konzentriert bleibst. Dein Brain-Workout darf ruhig ein wenig anstrengend sein. Es ist ja nur für ein paar Minuten.

An Tagen, an denen Du sehr müde oder gestresst bist, nimm Dir nur 3 Minuten bei wirklich voller Konzentration, aber bleibe ebenfalls zu 100% präsent und kontrolliere in diesen 3

Minuten Deine Gedanken vollständig. Dadurch erzielst Du eine größere Wirkung als mit 10 oder 20 Minuten halbherziger Meditation mit abschweifenden Gedanken.

Erschaffe Dein neues, starkes Ich (So entwickelst Du ein neues Selbstbild)

Du erhältst in diesem Kapitel von mir ein 5 Tage Praxisprogramm, in dem ich Dir zeigen werde, wie Du Dein Bild von Dir selbst verändern und Dir gezielt ein neues Selbstbild nach Deinen Wünschen aufbauen kannst. Wie Du Dich selbst also so sehen (und fühlen) kannst, wie Du gerne sein würdest. Denn so, wie wir uns selbst sehen, so werden wir uns auch verhalten. Und so wird am Ende auch unser Leben aussehen...

Nutze dieses Programm und erschaffe Dir damit ein neues Selbstbild. Eine neue Identität! Ein Bild von einem STARKEN, MUTIGEN UND WIDERSTANDSFÄHIGEN DU! Einem Menschen, der stärker ist als seine Angst und seine Probleme. Und der stärker ist als die Krise mit all ihren Gefahren.

Zunächst einmal ist es an dieser Stelle wichtig zu verstehen, dass Möglichkeiten sich ÄNDERN können und Neues Positives möglich werden kann! Auch für Dich und in Deinem Leben.

Wir neigen dazu, von unserer Vergangenheit auf unsere Zukunft zu schließen, nicht nur was unser Leben und unsere Möglichkeiten darin angeht, sondern auch was uns selbst angeht.

Wir glauben, das, was in der Vergangenheit möglich war, ist auch in unserer Zukunft für uns möglich. Und das, was bisher nie möglich war, wird auch in Zukunft nicht oder nur unter schwerster Anstrengung möglich sein.

Der größte Feind unserer eigenen Entwicklung ist das sogenannte *statische Selbstbild*. Dabei handelt es sich um einen Glaubenssatz, mit dem wir das Bild, das wir von uns selbst haben, für gegeben und für unveränderbar halten.

Wir glauben dann Dinge wie „Ich bin eben so", „Ich mache das eben so" ich kann das nicht so gut"..."das könnte ich nie...", „das würde mir nie passieren..." „ Das überlebe ich nicht..." Das sind tief verankerte Glaubenssätze, die es uns stark erschweren, neue Dinge und Erfahrungen in unser Leben zu ziehen und von denen wir uns verabschieden dürfen.

Ich bin... Ich kann... Ich kann nicht... sind typische Worte, die ein Mensch mit einem statischen Selbstbild wählt.

Dem entgegen steht das dynamische Selbstbild. Ein Selbstbild, bei dem wir davon ausgehen (also den Glaubenssatz haben), dass es Prozesse gibt, mit denen wir Dinge, Systeme und auch uns selbst, unseren Körper, unsere Persönlichkeit und unsere Möglichkeiten entwickeln können. Und dass wir uns so jederzeit einer sich verändernden Welt anpassen können.

Dass wir, unser Charakter und unsere Fähigkeiten also verändert und bewusst von uns geformt werden können, wenn wir der Sache nur genügend Zeit, Geduld, Hingabe und vor allem Hartnäckigkeit und konsequentes Handeln schenken.

Und genau an diesem Punkt, an dem Du jetzt gerade stehst, an dem Du Dir das Ziel für Dich gesetzt hast, aus dieser Krise gestärkt hervorzugehen, ist es notwendig, dass Du Dich von Deinem alten statischen Selbstbild verabschiedest und damit den Glaubenssatz loslässt, Du SEIST so und so... (zum Beispiel ängstlich, schwach, unsicher, unterlegen, machtlos, chancenlos....)

Du BIST nicht so und so... Du hast Dich vielleicht bisher häufig so und so VERHALTEN... Du FÜHLST vielleicht momentan oft so und so... Du DENKST und URTEILST momentan so und so... Du BEHERRSCHST momentan dieses und jenes gut oder noch nicht so gut... Doch all das kannst Du verändern!

Werde ein neuer Mensch – werde der Mensch, der keine Angst mehr hat vor der Krise und vor dem Leben. Für den es selbstverständlich und vor allem ganz einfach ist, leicht, frei und mutig zu leben, auch wenn unsere Welt sich wandelt und Altes schwindet...

Ändere also Deine negativen, hemmenden und blockierenden Glaubenssätze über Dich selbst, lasse Dein altes statisches Selbstbild hinter Dir und erfinde Dich noch einmal neu!

Wie, zeige ich Dir jetzt konkret:

Praxisprogramm:
So erschaffst Du in 5 Tagen Dein neues, starkes und mutiges ICH!

Schreibe folgende Sätze handschriftlich auf ein Blatt Papier oder in ein Notizbuch:

Ich habe eine Entscheidung getroffen:

Ich bin ab heute nicht mehr der, der ich die letzten X Jahre war (setze hier bitte Dein Alter ein). Ich beginne jetzt meine zweite Lebensphase: die Lebensphase der Stärke! Und in der ist erstmals ALLES möglich, was ich mir wünsche. Ich werde jetzt ein neuer Mensch.

Natürlich durchleben wir alle viele verschiedene Lebensphasen und Du hast sicher auch bereits mehr als eine Lebensphase durchlebt. Dennoch empfehle ich Dir, die jetzt beginnende Phase als Deine zweite Lebensphase zu bezeichnen und auch als solche anzuerkennen, denn das signalisiert Deinem Verstand, dass das, was nun kommt, anders werden darf als alles, was Du bisher erlebt hast und warst, dass nun die Karten noch einmal neu gemischt werden und wieder alles möglich ist. Dass die Dinge in Deinem Leben nun völlig anders werden können als alles, was Du bisher erlebt hast – auch wenn Du bereits 80 bist!

Ja, selbst wenn Du nur noch eine einzige Woche zu leben hast, dann kann diese Woche anders werden als alles, was Du bisher erlebt hast – wenn DU jetzt eine klare Entscheidung dafür triffst. Du hast es immer noch in der Hand. Es ist deshalb NIE zu spät für eine neue Lebensphase!

Notiere bitte nun darunter 5 Eigenschaften, wie Du in Deiner heute beginnenden neuen Lebensphase BIST! Damit wollen wir beginnen, ein neues Selbstbild von Dir zu erschaffen. Dinge, wie Du gerne sein möchtest, Dinge, die Du glaubst, sein zu müssen, um ein vollkommen befreites, starkes, angstfreies und erfolgreiches Leben führen zu können:

Z.B. Ich bin stark

Ich bin unabhängig

Ich bin sicher

Ich bin erfolgreich

Ich bin widerstandsfähig

Ich bin beliebt und überall gerne gesehen

Ich bin dem Leben gewachsen

Ich bin meinen Problemen gewachsen

Ich stehe über den Dingen

Ich bin fokussiert

Ich bin frei

Ich bin smart

Ich bin mutig

Ich bin entschlossen…

Und nun tue 5 Tage lang das Folgende:

Lies Dir jeden Morgen gleich nach dem Aufwachen und jeden Abend vor dem Zubettgehen Deinen Entscheidungssatz und Deine neuen 5 Eigenschaften durch und lasse sie als positive Affirmation für einige Sekunden mit geschlossenen Augen in Dir wirken.

Sammle parallel dazu 5 Tage lang JEDEN TAG einen kleinen Beweis dafür, dass Du genau diese 5 Eigenschaften bereits besitzt! Dass Du also bereits dieser starke, freie Mensch BIST, der Du ab jetzt sein möchtest. Verhalte Dich auch in diesen 5 Tagen bewusst genauso und achte darauf, dass Du in dieser Eigenschaft von Anderen wahrgenommen wirst - und beobachte die Reaktionen.

Ein kleiner Tipp an dieser Stelle:

Halte Dich in diesen 5 Tagen und auch langfristig soweit möglich von Menschen fern, die in Dir etwas anderes sehen als das, was Du ab jetzt sein willst, und die Dir Deine neuen 5 Eigenschaften nicht zugestehen wollen, denn diese Menschen werden Dein neues Selbstbild, das gerade zu Beginn wie eine zarte Pflanze gehegt, gepflegt und beschützt werden muss, ohne es zu wollen, beschädigen oder gar zerstören.

Schreibe jeden Abend für jede Deiner 5 neuen Eigenschaften auf, welcher Beweis dafür spricht, dass Du genau so bist (in welcher Situation Du Dich heute so verhalten hast) und welche Reaktionen Du daraufhin von anderen Menschen erhalten hast.

Der Trick dabei ist:

Wenn Du allmählich beginnst zu erkennen, dass Du tatsächlich genau so ein Mensch sein kannst und wenn Du beginnst, Dich zu verändern, und Dich gemäß Deinem neuen Selbstbild zu verhalten, dann wird sich der hemmende Glaubenssatz in Dir auflösen, der Dir weismachen wollte, Du seist schwach, ausgeliefert und machtlos...

Nach den 5 Tagen kannst Du nun erneut Dein Notizbuch zur Hand nehmen und Deine neue Identität formulieren. Schreibe zu Beginn:

„Meine zweite Lebensphase hat begonnen. Ich bin jetzt ….“ Und liste hier Deine 5 neuen Eigenschaften auf.

Formuliere darunter Dein persönliches Ziel von einem starken, angstfreien, erfolgreichen und glücklichen Leben, das Du während und nach der Krise führen willst.

Tue das schriftlich und schreibe dazu auch noch einmal auf, wie Du Dich ab jetzt in kritischen Situationen und darüber hinaus auch in Deinem gesamten Leben fühlen wirst. Nicht willst, sondern WIRST!

Wenn Du das 5 Tage Programm konsequent für alle Deine neuen 5 Eigenschaften umgesetzt und Beweise dafür gesammelt hast, dass Du bereits so BIST wie Du sein willst, und wie Du sein musst, um auch in schweren Zeiten erfolgreich und unbeschwert leben zu können (und Du damit gezielt einen neuen Glaubenssatz über Dich selbst gebildet hast), dann wirst Du merken, dass Du Dich ganz von selbst im Alltag anders fühlen, anders verhalten und dadurch auch andere Situationen anziehen und andere Ergebnisse erzielen wirst.

Deine Angst wird so mit der Zeit immer weiter in den Hintergrund rücken und schließlich im erstrahlenden Licht Deines neuen Lebens verblassen und ganz verschwinden....

TEIL IV

TEIL IV - WIE DU SICHER DURCH DIE KRISE KOMMST

Um sicher durch die Krise zu kommen, solltest Du Dich körperlich, mental und wirtschaftlich fit machen. Und genau diese 3 wichtigen tragenden Säulen werden wir in diesem vierten Teil des Buches ganz praktisch für Dich aufbauen. Denn während Du wahrscheinlich im Moment nicht weißt, ob Du am Corona-Virus erkranken wirst, so kannst Du Dir doch sicher sein, dass Du von der Finanz- und Wirtschaftskrise in jedem Fall betroffen sein wirst. Du solltest Dich also rechtzeitig vorbereiten.

Ich möchte Dir dafür Anregungen geben, wie Du Dich körperlich fit machst, indem Du gezielt Dein Immunsystem stärkst, wie Du Dich durch zwei konkrete Maßnahmen wirtschaftlich solide aufstellst, um Deine Existenz zu sichern und gut durch die Krise zu kommen.

Und wie Du in Zeiten der großen Verunsicherung und Veränderung neue persönliche Sicherheitsanker für Dich findest, um Dir Dein tiefes, urmenschliches Bedürfnis nach Sicherheit auf neue Weise zu erfüllen und dadurch Deinen inneren Zustand und Deine Psyche stabilisierst und innere Ruhe findest.

Säule 1: So stärkst Du Dein Immunsystem dauerhaft

Ich beobachte in Deutschland seit dem Ausbruch der Corona-Krise eine interessante Tatsache: Desinfektionsmittel und Atemschutzmasken sind im Handel restlos ausverkauft, nicht jedoch Mittel zur Steigerung des Immunsystems!

Wir wollen uns also von außen gegen den Feind schützen, anstatt uns von innen gegen ihn stark zu machen.

Bitte verstehe mich nicht falsch: Ich spreche mich damit keinesfalls gegen Desinfektion und das Tragen von Atemschutzmasken aus und möchte hier auch nicht falsch verstanden werden. Bitte nutze diese Maßnahmen, soweit es Dir möglich ist. Es ist wichtig und sinnvoll, Dich von außen vor einem Feind zu schützen.

Doch würden wir zusätzlich auch unser Immunsystem ebenso gründlich aufbauen und uns innerlich stärken, hätten wir einen weiteren mächtigen Schutz vor dem Virus. Und wir müssten genau deshalb auch weniger Angst vor ihm haben. Und weniger Angst zu haben steigert – wie Du schon weißt – wiederum Deine Abwehrkräfte noch ein Stück weiter. Eine Positivspirale...

Genauso wie wir uns ganz bewusst mental stärken sollten, um eine Krise zu durchstehen, so sollten wir auch unseren Körper von innen stärken (und nicht nur von außen schützen), um die Corona-Pandemie gut und möglichst gesund und unbeschadet zu überstehen.

Ich möchte Dir deshalb in diesem Kapitel ein paar simple Tipps zur Stärkung Deines Immunsystems vorschlagen, die ich Dir für die nächsten Monate, noch besser dauerhaft, empfehlen kann.

Zunächst jedoch ein wichtiger Hinweis:

Ein Buch kann eine ärztliche Behandlung nicht ersetzen, sondern nur ergänzen!

Bitte ersetze keinesfalls eine mögliche schulmedizinische Behandlung durch die im Folgenden beschriebenen Maßnahmen. Solltest Du Vorerkrankungen haben oder regelmäßig Medikamente nehmen, liegt es mir sehr am Herzen Dir zwei Dinge zu sagen:

Bitte besprich die folgenden Maßnahmen mit Deinem Arzt, bevor Du sie anwendest. Und zweitens: Diese Maßnahmen können dabei helfen, Deinen Körper stärker und widerstandfähiger, zum Beispiel auch gegen Krankheitserreger wie Viren, zu machen. Sie sind aber keine Kur, mit denen Du alle Krankheiten heilen kannst! Und sie wirken milde und sanft und haben nicht die Stärke einer schulmedizinischen Behandlung, die bei manchen Krankheitsbildern unerlässlich ist!

Breche also bitte keinesfalls medizinische Behandlungen ab, um die folgenden Maßnahmen durchzuführen, sondern ergänze sie gegebenenfalls damit – aber, solltest Du im Moment nicht gesund sein, bitte nur nach Absprache mit Deinem Arzt.

Was stärkt denn nun Deine Abwehrkräfte?

Dass eine erhöhte Aufnahme von Vitaminen, insbesondere von Vitamin C und Vitamin D3 sowie auch von Omega3 Fettsäuren, etwas mehr Schlaf und ein niedrigeres Stresslevel Dein Immunsystem stärken und unterstützen, muss ich Dir nicht sagen, das weißt Du längst. Dennoch ist es sinnvoll, insbesondere in den nächsten Monaten auf diese Faktoren bewusst zu achten.

Doch was kannst Du ansonsten für Dein Immunsystem tun?

Ich empfehle Dir zwei Dinge:

Praktiziere Intervallfasten, denn bei dieser Ernährungsform wird nach einem Zeitraum von etwa 16 Stunden ohne Nahrung der sogenannte Autophagieprozess im Körper hochgefahren – ein körpereigenes „Zell-Recyclingprogramm“, das neben vielen anderen wertvollen Effekten für Deinen Körper auch Deine Abwehr steigert und Deine Infektanfälligkeit senkt.

Du kannst Intervallfasten so praktizieren, dass Du täglich 16 Stunden lang nichts isst, oder auch so, dass Du an 2 von 7 Tagen in der Woche vollständig fastest. Ich empfehle Dir die 16:8 Methode, da sie sich leichter in den Alltag integrieren lässt und auch leichter durchzuhalten ist.

Nimm dabei täglich 16 Stunden lang nur Flüssigkeit, Obstsäfte oder Brühe zu Dir und verteile Deine 2-3 Mahlzeiten am Tag auf die verbleibenden 8 Stunden des Tages.

Du kannst zum Beispiel zum Frühstück einen frisch gepressten Saft oder Smoothie zu Dir nehmen und ansonsten nur in der Zeit von 12:00 - 20:00 Uhr feste Nahrung in Form von

2-3 Mahlzeiten zu Dir nehmen. Alternativ kannst Du auch morgens frühstücken und am Abend das Abendessen weglassen. Wenn Dir dann abends einmal der Sinn nach etwas Warmem steht, kannst Du Dir eine Gemüsebrühe kochen und sie trinken...

Bitte praktiziere Intervallfasten jedoch nicht bei Untergewicht oder einer schweren chronischen Erkrankung, die durch Medikamente oder den Krankheitsverlauf selbst zu Untergewicht führen kann, wie beispielsweise einer Krebserkrankung. Denn obwohl Du beim Intervallfasten die gleiche Menge an Kalorien essen kannst, findet bei dieser Ernährungsform oft ein Gewichtsverlust statt. Zudem zeigt die Praxis, dass wir alleine dadurch, dass wir weniger häufig essen und längere Zeiten ohne essen einhalten, in der Summe auch meist weniger Kalorien zu uns nehmen und so oft noch zusätzlich an Gewicht verlieren.

Die zweite Maßnahme, die ich Dir empfehlen möchte, lautet:

Pflege Deinen Darm, denn 80% unseres Immunsystems befindet sich in unserem Darm.

Durch unsere gewohnte Ernährungsweise und die oft großzügige Verabreichung von Medikamenten, besonders Antibiotika, leidet unsere Darmflora und ist in vielen Fällen aus dem Gleichgewicht geraten. Schädliche Bakterien und Pilze haben sich übermäßig vermehrt und die guten, notwendigen Darmbakterien verdrängt und neben anderen schädlichen Wirkungen für unseren Körper und sogar unsere Psyche schwächt ein auf diese Weise aus dem Gleichgewicht geratener Darm auch unsere Abwehrkräfte.

Reinige daher Deinen Darm und baue Deine Darmflora auf. Keine Sorge, dazu musst Du keine Darmspülungen durchführen, wenn Du das nicht möchtest. Es gibt fertige Kräutermischungen zur Darmreinigung und Bakterien zum Aufbau Deiner Darmflora, die Du einfach in Pulverform oder Tablettenform zu Dir nehmen kannst. Auch gibt es Kombiprodukte für die Reinigung und den Aufbau Deines Darms. Eine solche Kur solltest Du über einige Monate durchführen.

Die größten Feinde einer gesunden Darmflora sind Alkohol, Medikamente, Kaffee, Weizen und Zucker, sowie auch Milchprodukte. Versuche, während Deiner Kur auf diese Produkte wo möglich zu verzichten oder ihren Verzehr zu reduzieren. Gegen Ende der Kur kannst und solltest Du Deinen Darm dann zusätzlich durch darmfloraaufbauende Lebensmittel wie zum Beispiel Sauerkraut unterstützen.

Dieses Buch kann zu den Themen Darmaufbau, Intervallfasten und Autophagieprozess nicht ins Detail gehen und das möchte es auch nicht. Medizinische Themen sollen hier nicht im Zentrum stehen.

Wenn Du etwas tun willst, um Dein Immunsystem über die nächsten Monate (und vielleicht auch dauerhaft – Dein Körper wird es Dir danken) systematisch aufzubauen und stark zu machen, dann erkundige Dich doch einmal an kompetenter und passender Stelle genauer über die Themen Darmreinigung und Darmaufbau, sowie Intervallfasten und Autophagieprozess.

Ernenne Dich selbst zu Deinem persönlichen Gesundheitsmanager, der dafür sorgt, dass Dein Körper von innen stark wird und sich gegen Krankheitserreger aller Art von nun an zusätzlich zu einem Schutz von außen selbst optimal zur Wehr setzen und behaupten kann.

Und zu guter Letzt habe ich noch einige praktische Tipps aus der Naturheilkunde für Dich, wie Du dem Virus zusätzlich mit der Kraft der Pflanzen zu Leibe rücken kannst:

Salbei wirkt antiviral.

Wenn Du Dich täglich noch etwas mehr unterstützen und Dich gegen das Virus zur Wehr setzen willst, dann koche Dir doch jeden Morgen einen Topf Salbeitee (gerne mit Honig gesüßt) und zusätzlich noch einen Topf starken Salbei Sud. Trinke dann über den Tag verteilt 3 Tassen Salbeitee und gurgle zusätzlich 3 Mal täglich mit dem Salbeisud, um Deinen Rachenraum zu spülen.

Andere antiviral wirkende Pflanzen und Kräuter, die Du idealerweise in den nächsten Monaten verstärkt in der Küche benutzen kannst, sind außerdem: Thymian, Bärlauch, Eukalyptus, Süßholzwurzel, Holunderblüte und Pfefferminzblätter. Besonders stark antiviral wirken Kräuter, die ätherische Öle enthalten.

Du kannst Deine Abwehrkräfte außerdem auch mit dem ebenfalls antiviral, antibakteriell und immunsystemstärkenden Manuka Honig unterstützen.

Säule 2: So sicherst Du Deine Existenz für die nächsten Jahre

In Zeiten einer gesundheitlichen und wirtschaftlichen Krise solltest Du nicht nur körperlich, sondern auch wirtschaftlich fit und stark aufgestellt sein.

Auch wenn Du zu den vielen Menschen gehörst, die bereits jetzt ernste finanzielle Nachteile durch diese Krise erleiden, oder diese in den nächsten Monaten unvermeidlich auf sich zukommen sehen, möchte ich Dich einladen, einen kühlen Kopf zu bewahren und nichts unüberlegtes oder panisches zu tun. Denn genau dadurch entstehen nicht selten die größten Verluste und die größte Beeinträchtigung Deiner psychischen Stabilität.

Sorge stattdessen dafür, dass Du wirtschaftlich solide aufgestellt bist. Ganz egal, ob Du Unternehmer(in), selbständig oder angestellt bist! Und tue dies für Dein Unternehmen, falls

Du eins hast, und auch für Dich als Privatperson. Ich würde mir für Dich wünschen, dass Du bereits in früheren Jahren genau dafür gesorgt hast. Denn dann wirst Du viele Probleme in diesen Krisenjahren gar nicht bekommen. Falls nicht, dann tue es spätestens jetzt.

Denn aus Krisenzeiten gehen diejenigen, die wirtschaftlich solide aufgestellt sind, gestärkt hervor, während die anderen diese Zeit nicht selten wirtschaftlich nicht überstehen, und so auch psychisch und gesundheitlich in eine große Lebenskrise stürzen können.

Wie sorgst Du dafür, dass Du wirtschaftlich solide aufgestellt bist?

Das tust Du simpel und vollkommen unsexy mit zwei unbequemen, aber überlebenswichtigen Maßnahmen:

Erstens: Sichere oder beschaffe ausreichend Liquidität, wenn Du nicht bereits darüber verfügst, um sicherzustellen, dass Du in den kommenden Monaten zahlungsfähig bist.

Jetzt ist nicht der Zeitpunkt, auf Dein Glück zu hoffen und Dich darauf zu verlassen, dass schon alles gut gehen wird.

Jetzt ist der Zeitpunkt, den Bleistift zu spitzen und genau zu rechnen. Spätestens jetzt (und im übrigens sonst auch) solltest Du Probleme in Deinem persönlichen privaten und beruflichen Leben vorhersehen und finanziell mit einkalkulieren, um sie abfedern zu können und nicht von ihnen umgeworfen zu werden.

Mache Dir dafür einen genauen Plan, welche Liquidität Du für die nächsten 12 Monate zwingend benötigst, welche Zahlungen Du also wirst leisten müssen – für deine Wohnung, Deine Lebenshaltung, Deine Mitarbeiter, Steuerabgaben und andere Zahlungen, die auf Dich zukommen. Rechne dabei auch damit, dass kalkulierte Einnahmen nicht wie erwartet kommen. Das kann Dir nicht nur als Selbständiger, sondern auch als Angestellter passieren. Und überlege Dir bereits jetzt, wo und wie Du die benötigte Liquidität auftreiben kannst, falls Du bei Deiner Rechnung feststellst, dass Du nicht genügend Rücklagen hast und die anstehenden Zahlungen so womöglich nicht wirst leisten können.

Um liquide zu bleiben, darf Dein Geld auch nicht ausschließlich in harten Assets wie Aktien oder Immobilien angelegt sein. Das solltest Du auch beachten, bevor Du jetzt zum Beispiel Aktien kaufst, weil Du die niedrigen Kurse ausnutzen willst. Prüfe vorher genau, ob Deine Liquidität für die nächsten 12 Monate trotzdem auch dann noch gesichert wäre. Liquidität geht immer vor Ertrag und Gewinn.

Denn wenn Du im Verlauf der Krise zusätzliches Geld benötigst, um unvorhergesehene Probleme zu lösen – die in der Krise immer kommen - oder um Einnahmeausfälle oder Rückgänge abzufedern, wirst Du diese Assets nicht so schnell oder womöglich nur mit großem Verlust zu Geld machen können.

Sorge also dafür, dass Du für Dich privat und auch für Dein Unternehmen (falls Du selbständig bist) immer genügend Liquidität besitzt, um alle anstehenden Zahlungen der nächsten Monate leisten zu können. Und beschaffe Dir, falls nötig, bereits jetzt die fehlende Liquidität, um nicht später in Zahlungsschwierigkeiten – und damit unter enormen wirtschaftlichen und psychischen Druck – zu geraten.

Solltest Du über reichlich Liquidität im Überfluss verfügen, ist jetzt natürlich auch ein guter Zeitpunkt, um den Markt für Sachwertanlagen bezüglich günstiger Kaufgelegenheiten zu beobachten.

Die zweite Maßnahme neben der Sicherstellung Deiner Liquidität für die nächsten Monate ist der Aufbau einer finanziellen Reserve. Sorge dafür, dass Du einen ordentlichen finanziellen Puffer hast oder einen solchen jetzt aufbaust. Nur so kannst Du mögliche spätere

Einnahmeausfälle oder Gehaltsausfälle in der Krise ohne größeren Stress abfedern.

Wenn Du noch keine oder zu geringe finanzielle Reserven hast, dann hilft jetzt nur eins: Strukturiere Dein Unternehmen und Deine privaten Finanzen konsequent um!

Reduziere konsequent alle Fixkosten, minimiere auch alle anderen Kosten, sortiere alle unnötigen Kostenverursacher aus, streiche alles, was Du nicht wirklich brauchst oder unbedingt haben willst.

Denn in einer Krise musst Du immer und jederzeit mit unvorhergesehenen Gehalts- und Einnahmeausfüllen oder -Rückgängen rechnen. Niemals sollten Deine Kosten in solchen Zeiten also ebenso hoch sein wie Dein aktuelles Einkommen, sondern möglichst weit darunter liegen, sodass Du einen finanziellen Puffer aufbauen und erhalten kannst.

Schaffe Dir also spätestens jetzt den nötigen Puffer und baue Dir Reserven auf. Auch wenn

Verzicht immer unbequem ist, lohnt er sich: Du wirst deutlich ruhiger schlafen und wenn die Wellen rauer werden oder weitere Probleme zu den bestehenden dazu kommen, oder auch, falls die Krise sich verschärfen sollte, was wir nicht ausschließen können, wirst Du vorbereitet sein und gelassen bleiben können.

Der Sturm weht die Schwachen fort und macht die Starken stärker.

Sei klug und sorge rechtzeitig dafür, dass Du zu den Starken gehörst. Mental, körperlich und finanziell. Dann wirst Du den Sturm unbeschadet überstehen und aus der Krise gestärkt hervorgehen.

Säule 3: So findest Du wieder sicheren Boden unter den Füssen (entdecke neue Quellen der Sicherheit)

Wir Menschen brauchen Sicherheit. Sicherheit gehört zu unseren elementarsten menschlichen Bedürfnissen. Und wenn eines unserer wichtigsten Bedürfnisse unerfüllt bleibt, geraten wir in seelische Not. Wir werden unzufrieden, vielleicht sogar verzweifelt, entwickeln Ängste und innere Unruhe und später vielleicht auch Zwänge oder Süchte als Versuch unserer Psyche, uns unser Bedürfnis auf anderem Wege zu erfüllen.

Die Krise, die wir gerade erleben, schafft auf vielen verschiedenen Ebenen Unsicherheit und bringt uns neue Gefahren. Plötzlich brechen so in verschiedenen Lebensbereichen unsere gewohnten Sicherheiten weg. Und das macht Angst.

Du hast in diesem Buch bereits praktische Wege kennengelernt, wie Du Deine Angst besänftigen kannst, aber es ist unabdingbar, dass Du zusätzlich auch einen neuen Weg findest, Dir Dein Bedürfnis nach Sicherheit zu erfüllen, wenn Du Deine Angst in der Krise vollständig heilen willst.

Wir sollten unsere wichtigsten Bedürfnisse niemals unerfüllt lassen, wenn wir uns nicht in große seelische Not bringen wollen. Und die gute Nachricht ist:

Es gibt IMMER viele verschiedene Wege, um ein Bedürfnis zu erfüllen. Wenn ein Weg wegbricht, kannst Du neue Wege finden.

Das gilt auch für die Sicherheit, die Du vielleicht Dein Leben lang in finanzieller und politischer Stabilität, Wohlstand und einer gewissen Vorhersehbarkeit der Ereignisse gefunden hast.

Es gibt andere Wege!

Ich werde Dir in diesem Kapitel Möglichkeiten zeigen, wie Du Sicherheit ab jetzt in anderen Dingen finden kannst, als in materieller Sicherheit und warum es klug ist, das in den nächsten Jahren zu tun.

Setze Deine ganz persönlichen neuen Sicherheitsanker!

Ich möchte Dir nun drei Quellen der Sicherheit zeigen, die Du Dir auch in diesen Zeiten aufbauen und Dir so Dein Bedürfnis nach Sicherheit erfüllen kannst. Es sind Dein Urvertrauen, Deine Verbindung zur Natur und sichere, tiefe Bindung zu Menschen. Und ich werde Dir zeigen, wie Du jede dieser Quellen ganz praktisch anzapfen kannst.

Wenn Du andere Ideen hast, ist das natürlich großartig. Verfolge Deine Ideen unbedingt und probiere einfach aus, was Dir gut tut. Sobald Du Dich ruhig, aufgehoben, innerlich stabil und in Balance und Frieden fühlst, weisst Du, dass Du Dir Dein Bedürfnis nach Sicherheit erfolgreich erfüllt hast.

Sorge selbst für die Erfüllung Deiner wichtigsten seelischen, sozialen und existenziellen Bedürfnisse und Du wirst wahre innere Unabhängigkeit erlangen.

Finde Dein Urvertrauen wieder

Was schenkt uns im Leben und ganz besonders in Krisenzeiten die wohl größte Sicherheit? Natürlich: Urvertrauen!

Doch nicht alle von uns konnten Urvertrauen, dieses tiefe Vertrauen in das Leben, aufbauen. Denn wir brauchen das Gefühl von Geborgenheit, um als Kinder Urvertrauen zu entwickeln. Wenn uns dieses Urvertrauen fehlt, werden wir immer wieder von Ängsten, Sorgen, Anspannung und dem Wunsch nach Kontrolle geplagt. Und so wird es in späteren Jahren schwierig für uns, ein gelassenes Leben zu führen, loszulassen, zu empfangen und uns fallen zu lassen oder auch einmal einfach treiben zu lassen. Und wenn Krisen auftreten, wie jetzt, fühlen wir uns ganz besonders ängstlich, hilflos und schutzlos dem Leben ausgeliefert.

Zwar entwickeln wir Urvertrauen hauptsächlich in unserer Kindheit, aber auch wenn wir es als Kind nicht ausreichend aufbauen konnten, so können wir das als Erwachsene zumindest teilweise nachholen, indem wir uns regelmäßig Situationen in unserem Leben schaffen, in denen wir uns rundum geborgen und aufgehoben fühlen und uns ganz in das Leben fallen lassen können.

Nur zu oft suchen wir das Gefühl von Geborgenheit bei anderen Menschen, zum Beispiel bei unserem Partner. Wenn wir jedoch andere Menschen dafür brauchen, um uns geborgen zu fühlen, geraten wir in eine emotionale Abhängigkeit und müssen stets besorgt sein, sie zu verlieren.

Diese Sorge hindert uns wiederum daran, unbeschwert und gelassen durchs Leben zu gehen und in Krisenzeiten unsere Zuversicht zu behalten. Es ist deshalb viel besser, wenn wir lernen, Geborgenheit in uns selbst zu finden und uns diesen Zustand auch bewusst selbst schenken zu können.

Je öfter Du Dich dann in diesem Zustand der Geborgenheit befindest, desto ruhiger und entspannter wirst Du und desto mehr kannst Du loslassen und Dich fallen oder treiben lassen.

Um das umzusetzen, möchte ich Dir hier 3 sehr einfache Schritte vorstellen:

Schritt 1:

Das Gefühl von Geborgenheit erlebt jeder Mensch in unterschiedlichen Situationen. Finde deshalb zunächst heraus, was Du brauchst, um Dich geborgen zu fühlen und was Du tun kannst, um dieses Gefühl in Dir hervorzurufen.

In welchen Situationen fühlst Du Dich gut aufgehoben, geschützt und sicher, ganz angenommen? In welchen Situationen hast Du das Gefühl, alles ist gut, hier kann mir nichts passieren?

Notiere 10 bis 20 solcher Situationen. Mit welchen Menschen bist Du zusammen? Oder bist Du allein? In welcher Umgebung bist Du? Was tust Du?

Schritt 2:

Fertige eine Liste mit Aktivitäten an, die Dir dieses Gefühl der Geborgenheit schenken.

Ist es ein Besuch bei Deinen Eltern? Ein warmes Bad? Ein bestimmtes Buch oder ein Film? Ein bestimmter Duft? Eine bestimmte Umgebung, zum Beispiel ein gemütliches altes Haus, der Anblick von knisterndem Feuer, das Gespräch mit einer bestimmten Person oder über ein bestimmtes Thema, Dich jemandem anzuvertrauen, alleine zuhause zu sein und Dich in einen gemütlichen Sessel einzukuscheln?

Diese Aktivitäten können zwar auch andere Menschen mit einbeziehen, aber sie sollten nicht von einem BESTIMMTEN Menschen abhängen.

Schritt 3:

Plane, wie Du diese Aktivitäten ab jetzt regelmäßig in Deinen Alltag einbaust, um Stück für Stück Dein Urvertrauen aufzubauen...

Trage sie als Termine in Deinen Kalender ein, dadurch erhalten sie eine größere Wichtigkeit, und tue regelmäßig (mindestens einmal wöchentlich, besser täglich) ganz bewusst etwas, das Dir das Gefühl von Geborgenheit schenkt.

Je weniger Urvertrauen Du momentan in Deinem Leben hast, umso häufiger solltest Du Dinge tun, bei denen Du Geborgenheit findest.

So kannst Du langsam, aber sicher Dein Urvertrauen wiederaufbauen und Gelassenheit in Dein Leben bringen...

Verbinde Dich mit der Natur

Eine weitere wunderbare und sehr starke Quelle von Sicherheit neben Deinem Urvertrauen und Deinem Gefühl von Geborgenheit ist Deine Verbindung zur Natur.

Wenn wir uns mit der Natur verbunden, in die Natur eingebettet und von der Natur getragen fühlen, dann fühlen wir uns mit etwas Größerem verbunden. Und wir erleben im Moment der Verbundenheit, wie wir etwas von ihrer Stärke und Macht, von ihrer Größe erhalten und darin Halt finden.

Den gleichen Effekt erhalten wir auch dann, wenn wir uns mit einem Schöpfer, einem Gott verbunden fühlen.

Wenn Du also an einen Gott glaubst, dann kannst Du Dich zusätzlich zu den folgenden Tipps, mit denen Du Dich wieder mit der Natur verbindest, auch durch Gebete oder andere Rituale wieder regelmäßig mit Gott verbinden, um eine weitere Quelle der Sicherheit zu finden.

Mit der Natur verbinden kannst Du Dich, indem Du in der Natur bist, und dabei Deine GESAMTE Aufmerksamkeit für den Moment in die Natur gibst. Praktiziere radikale Achtsamkeit.

Achtsam sein bedeutet, präsent zu sein. Es bedeutet, Deinen Fokus ganz und gar auf einen Punkt zu konzentrieren, auf das Hier und Jetzt, auf das Objekt, dem Du Deine Achtsamkeit schenkst.

Das kannst Du tun, indem Du Dich in den Garten legst und den blauen Himmel oder die vorbeiziehenden Wolken betrachtest und alles andere um Dich herum vergisst, so wie Du es als Kind getan hast. Oder indem Du durch den Wald läufst und Deine Aufmerksamkeit den Bäumen schenkst, die beim Gehen rechts und links an Dir vorbeiziehen.

Du kannst Deinen Fokus natürlich auch auf die Schätze am Boden richten, und bei einem Spaziergang Wiesenblumen und Blätter, oder im Herbst Tannenzapfen entdecken und sammeln oder die glitzernden Grashalme in der Sonne beobachten.

Und Du findest dieses Gefühl auch, wenn Du auf einen Hügel kletterst und von oben auf die Weite der Natur oder andere Berge schaust... Indem Du barfuß über Gras, feinen Sand oder warme Erde läufst und die Energie der Natur auf Deiner Haut spürst. Oder wenn Du bei starkem Regen Deine Handflächen ausstreckst und die Regentropfen darauf prasseln spürst oder dem Rauschen des Regens zuhörst.

Genauso, wie Du Dich mit einem Menschen verbunden fühlst, wenn Du ihm für eine Zeit Deine volle, ungeteilte Aufmerksamkeit schenkst, so wirst Du Dich mit der Natur verbunden fühlen, wannimmer Du ihr Deine ungeteilte Aufmerksamkeit schenkst und alles andere für den Moment vergisst. Und genau dazu möchte ich Dich einladen.

Entdecke Deine persönlichen Möglichkeiten, Dich regelmäßig mit der Natur zu verbinden, führe neue Gewohnheiten ein, bei denen Du genau das regelmäßig tust und genieße Deine neue Beziehung zur Natur und den neuen Reichtum, den Du dabei finden wirst.

Finde sichere Bindung

Ein dritter, sehr wertvoller Weg, wie Du in Zeiten der Unsicherheit neue Sicherheiten und tiefes Glück finden kannst, ist der Aufbau sicherer Bindung. Denn sichere, tiefe und verlässliche Bindungen zu anderen Menschen sind enorm wichtig für die Gesundheit unserer Seele und schenken uns neben vielen anderen Formen des Glücks auch die Zugehörigkeit, Verbundenheit und Stabilität, die wir in schweren Zeiten brauchen, um aufgefangen zu sein.

Und doch werden sie immer seltener…

Doch Isolation erzeugt Angst und kann zu zahlreichen psychischen Störungen führen. Die entstehen nämlich viel häufiger durch unseren Lebenswandel, als durch genetische Veranlagung. Das sollten wir wissen, bevor wir unsere Beziehungen durch unverbindliche Online-Bekanntschaften ersetzen (weil es unkomplizierter ist), bevor wir beim ersten Konflikt einen Kontakt beenden (weil es irgendwie nicht passt) und alles andere wichtiger nehmen, als selbst unsere wichtigsten Beziehungen.

Sichere Bindungen werden seltener, da wir heute dazu ermutigt werden, die Optimierung unseres eigenen Lebens über die Beziehungen zu den uns am nächsten stehenden Menschen zu stellen.

Es ist zu einem großen Teil eine Frage unserer eigenen Prioritätensetzung, dass und warum Beziehungen aller Art (Partnerschaften, echte Freundschaften, liebender Familienzusammenhalt) immer seltener gelingen.

Bitte verstehe mich an dieser Stelle nicht falsch:

Es geht nicht darum, Bindungen um jeden Preis zu erhalten, egal ob sie uns gut tun oder nicht. Ich schreibe in meinen Büchern oft darüber, wie wichtig es ist, uns aus Bindungen, die uns nicht gut tun, zu befreien. Und manchmal sind selbst in unserer Partnerschaft und in unserer engsten Familie Menschen zu finden, die uns nicht gut tun. Wir dürfen und sollten hier Konsequenzen ziehen. Denn Beziehungen haben immer einen großen Einfluss auf uns: sie können uns auffangen – oder uns zerstören... und noch ganz viel dazwischen...

Doch ich möchte Dich ebenso dazu ermutigen, diejenigen Bindungen, die Dir GUT tun, die Dich stärken, die Dir Halt, Unterstützung und Freude schenken und die Du als sicher und verlässlich erlebst, NICHT als selbstverständlich anzusehen und nebenher laufen zu lassen, sondern sie aktiv zu pflegen, sie zu schützen und zu stärken.

Das tust Du, indem Du diesen Menschen Deine Zeit und Deine Aufmerksamkeit schenkst, aber auch (und das ist ganz wichtig und wird so oft vergessen): indem Du Deine Lebensentscheidungen so triffst, dass diese Bindungen nicht beschädigt werden!

Vielleicht ist es in manchen Fällen doch nicht sie beste Lösung, den nächstbesseren Job in einer anderen Stadt anzunehmen und die Menschen hinter Dir zu lassen, die Dir wichtig sind, ohne deren Gefühle zu bedenken...

Vielleicht ist es manchmal nicht die klügste Lösung, Deinem Chef gegenüber wieder nicht nein zu sagen, um nicht negativ aufzufallen, und dafür die Geburtsagsfeier Deines Partners zu verpassen, und ihm mit einer Entschuldigung zu sagen „Ich konnte ja nicht anders"...

Alle diese Entscheidungen haben Auswirkungen auf unsere Bindungen. Garantiert! Wir sollten uns dessen bewusst sein, bevor wir sie treffen.

Ein guter Freund von mir stand vor einigen Jahren vor der Situation, dass sein Vater, der einige hundert Kilometer entfernt wohnte, ins Koma gefallen war und wollte zu ihm ins Krankenhaus fahren. Da in den nächsten Tagen wichtige berufliche Termine anstanden, hielt sein Vorgesetzter ihn an, professionell zu sein und berufliches und privates zu trennen und genehmigte ihm den Urlaub nicht.

Mein Freund saß wenige Stunden später im Auto und fuhr zu seinem Vater, der wenige Wochen später verstarb. Noch am gleichen Abend sendete er außerdem seinem Arbeitgeber seine Kündigung. Er war damals nicht in gesicherten finanziellen Verhältnissen. Natürlich fand auch er einen neuen (viel besseren) Job!

Ich möchte Dich damit nicht dazu anhalten, leichtsinnig zu handeln oder Deinen Arbeitgeber im Stich zu lassen, sondern dazu, Deine Prioritäten im Leben genau zu kennen und Dich für das stark zu machen, was Dir am wichtigsten ist. Wir zahlen für alles im Leben einen Preis. Und die allermeisten Menschen sind nicht mehr bereit, für ihre wichtigsten Beziehungen einen auch mal höheren Preis zu zahlen.

Sichere Bindungen entstehen nicht über Nacht, weil wir uns mit jemandem gut verstehen, sondern sie bauen sich über Jahre auf, weil beide (oder alle) Beteiligten, der Bindung die entsprechend hohe Priorität geben und verlässlich (konsequent) danach handeln.

Mache Dich stark für die Beziehungen, die Dir wichtig sind, aber wähle auch Menschen aus, die das ebenso tun. Beziehungen können nicht sicher und stabil werden, wenn einer daraus wegläuft, sobald es einmal schwierig wird.

Wähle klug, und dann triff eine Entscheidung! Nicht nur für Deine Partnerschaft, sondern auch für Deine wichtigsten Freundschaften, für Deine Geschwister- und Elternbeziehungen und für alle anderen Beziehungen, die Dir wichtig sind.

Entscheide Dich dazu, Deinen Teil zu tun, um Dir über die nächsten Jahre sichere Bindungen aufzubauen. Und Dir passende Menschen dafür auszusuchen, auch wenn das vielleicht sogar ganz andere Menschen sind als die, die heute in Deinem Leben sind. Die Früchte, die Du später aus diesen Bindungen ernten wirst, sind süßer als das optimierteste Leben, das Du Dir nur aufbauen kannst.

Und wenn Dein Netz aus sicheren Bindungen langsam wächst, und Du irgendwann genügend Menschen in Deinem Leben hast, die Dich halten und auffangen, die sich ehrlich für Dich interessieren und Dir helfen wollen, die IMMER da sind, wenn Du sie brauchst, die sehen, wie es Dir geht und auf die Du immer zählen kannst und mit denen Du die schönen und die weniger schönen Momente des Lebens teilen kannst, dann wirst Du Dich automatisch stark, sicher und dem Leben gewachsen fühlen…

Deshalb:

Lebe und kultiviere echte und nährende Gemeinschaft!

Hilf den älteren und hilflosen Menschen unserer Gesellschaft, kümmere Dich um Deine Eltern, unterstütze Deine Geschwister und Freunde, mache Deine Kinder stark, und gönne Dir Menschen, die Dich lieben!

Wenn Du lernen willst, welche 5 tiefen, urmenschlichen Bedürfnisse Du Dir neben Deinem Bedürfnis nach sicherer Bindung immer erfüllen solltest und wie Du das ganz praktisch tun kannst, dann arbeite gerne auch mit meinem Kurs „Erfülle Dir selbst Deine wichtigsten Bedürfnisse – Dein Weg zur inneren Unabhängigkeit". Du findest ihn auf meiner Webseite www.cosima-sieger.de und hier: https://bit.ly/39xqd0s

TEIL V

TEIL V - WIE DU IM NEUEN ZEITALTER NEUE FORMEN DES GLÜCKS FINDEST

Entdecke einen neuen Lebensstil: Weniger Wohlstand – mehr Glück

Du hast zu Beginn dieses Buches erfahren, warum ich davon ausgehe, dass die Corona-Krise uns in ein neues Zeitalter führen wird und was aus meiner Sicht dieses neue Zeitalter prägen wird.

Nun möchte ich Dich einladen, Dich auf dieses neue Zeitalter – auf die Zeit nach Corona - vorzubereiten.

Jede Veränderung macht Angst. Und doch sind Veränderungen auch immer ein Geschenk. Denn eine Veränderung bringt nicht nur einen Abschied, sondern auch einen neuen Anfang mit sich. Und jedem Anfang wohnt ein Zauber inne, wie schon Hermann Hesse wusste.

Der Abschied in der Veränderung lehrt uns eine Lektion in Loslassen.

Und der Neuanfang in der Veränderung lehrt uns eine Lektion in Lebendigsein!

Denn ein neuer Anfang ist für uns intensiv, magisch, wundervoll, aufregend, wenn wir uns ganz darauf einlassen. Wie früher, in unserer Kindheit und Jugend.

Kannst Du Dich daran erinnern, wie aufregend es war, Deine erste große Reise ohne Deine Eltern zu machen? Dein erstes Auto zu kaufen? Deine erste eigene Wohnung zu beziehen? Deinen ersten Job anzutreten?

Als wir jung waren, haben wir uns auf das Leben noch voll und ganz eingelassen. Und es hat sich intensiv angefühlt.

Diese Veränderung – unser Eintritt in das neue Zeitalter – kann Dir das Geschenk bringen, Dich wieder jung zu fühlen, das Leben wieder intensiv zu spüren – wenn Du Dich darauf einlässt. Und genau dazu möchte ich Dich mit diesem Buch von Herzen einladen!

Das Leben ist ohnehin ständige Veränderung. Wir können sie nicht aufhalten! Deshalb feiere Deinen Neuanfang! Feiere die Veränderung!

Nutze die einmalige Gelegenheit dieser Krise dafür, etwas GROSSES aus Deinem Leben zu machen. Etwas NEUES, etwas WUNDERVOLLES! Nutze es dazu, einen neuen Lebensstil zu finden, der Dir MEHR Glück trotz weniger Wohlstand schenkt.

Vergiss nicht: Der wahre Optimist macht stets das Beste aus seinen Möglichkeiten, anstatt vergangenen Möglichkeiten nachzutrauern.

Jetzt sind Deine Kreativität und Dein Einfallsreichtum gefragt!

Bitte berufe ein Meeting mit Dir selbst ein:

Sorge dafür, dass Du Dir etwas Gutes zu essen und zu trinken für dieses wichtige Meeting vorbereitest, vielleicht lässt Du Musik laufen, die Du gerne magst und die Dich inspiriert.

Und dann notiere Antworten auf die folgenden Fragen:

Lasse Deinen Gedanken einfach freien Lauf und schreibe in kurzen Stichpunkten alles auf, was Dir einfällt:

Frage 1:

Was kann ich tun, um mir die Zeit jetzt in der akuten Krise viel schöner zu gestalten, als ich es vorher getan habe?

Notiere mindestens 10 Dinge

Frage 2:

Angenommen, ich hätte plötzlich nur noch die Hälfte meines bisherigen Nettoeinkommens, und das für die nächsten 5 Jahre: Wie würde ich alleine oder mit meiner Familie mein Leben so gestalten, dass ich mit diesem neuen Budget ein wundervolles Leben habe? Natürlich müsste ich große Veränderungen vornehmen. Welche wären das?

Schreibe Dir mindestens 10 praktische Veränderungen auf, die Du in den nächsten 3-6 Monaten dafür vornehmen würdest?

Keine Sorge, ich bin sicher, Du musst nicht für die nächsten 5 Jahre mit der Hälfte Deines Geldes auskommen. Aber wenn Du Wege findest, wie Du selbst dann glücklicher sein könntest als jetzt, wird Dich ein vorübergehender Rückgang Deiner Einnahmen bei weitem nicht mehr aus der Bahn werfen können. Du machst Dich dadurch ein bedeutendes Stück unabhängiger von materiellen Verlusten im Außen.

Frage 3:

Knüpfe an das Szenario aus Frage 2 an und überlege Dir: Was kann ich tun, um in diesem neuen Leben, das ich mir für die kommenden 5 Jahre einrichten würde, mein Leben BESSER, SCHÖNER und GLÜCKLICHER zu machen als es bisher ist? Was könnte und müsste ich dafür ganz praktisch tun, lassen oder endlich zulassen?

Notiere wieder mindestens 10 Dinge, die Du tun kannst. Hier sind Deine Kreativität und Vorstellungskraft besonders gefragt, denn Du musst Dir überlegen, wie Du mit deutlich weniger Geld MEHR Glück finden kannst als bisher. Ein oft ungewohnter Gedanke.

Frage 4:

Knüpfe wieder an das Szenario aus Frage 2 und 3 an und frage Dich nun:

Wer muss ich SEIN oder WERDEN, welche FÄHIGKEITEN und welche neue PERSÖNLICHKEIT muss ich entwickeln, um in diesem neuen Szenario glücklicher leben zu können, als bisher?

Deine Persönlichkeit ist veränderbar und es ist überaus sinnvoll und wichtig, sie an neue Situationen und Herausforderungen anzupassen, sie also bewusst zu entwickeln und mit einer Herausforderung mitwachsen zu lassen.

Was muss ich also KÖNNEN (Fähigkeiten), wie muss ich die Welt SEHEN (Glaubenssätze) und wer muss ich SEIN (Selbstbild), um in diesem neuen Zeitalter, mit meinen neuen Möglichkeiten, die ich als gegeben und als Geschenk ansehe, GLÜCKLICHER zu sein als bisher?

Mache eine genaue Auflistung und schreibe alles auf, was Dir dazu einfällt.

Wenn Du Dir diese Fragen erfolgreich für Dich beantwortest, dann hast Du die ideale Grundlage, um in dieser Krise und auch im neuen Zeitalter neue Formen von Glück zu genießen.

Wir alle finden Glück in unterschiedlichen Dingen.

Du hast nun den Zugang zu Deinen persönlichen neuen Glücksquellen gelegt und nun musst Du nur noch eines tun, um Dein neues, wundervolles Leben Realität werden zu lassen:

Ins TUN kommen und das UMSETZTEN und ins LEBEN RUFEN, was Du Dir aufgeschrieben hast.

Finde neue Formen des Glücks

Jetzt ist der wohl schönste Moment beim Lesen dieses Buches für Dich gekommen. Ein MAGISCHER Moment. Es ist der Moment des Aufbruchs in Dein neues Leben... Dein neues, verbessertes, einfach wundervolles Leben in einem neuen Zeitalter...

Wir werden jetzt die Vision Deines neuen Lebens nach dem Ende des alten Zeitalters erschaffen. Ein ganz konkretes Bild von einem neuen, GLÜCKLICHEREN Leben!

Schreibe für Dich selbst ein Angebot:

Ein Angebot mit Deiner Vision für ein neues Leben, das Du anschließend annehmen oder ablehnen kannst. Erstelle Dein Angebot so unwiderstehlich schön und anziehend, dass Du einfach JA dazu sagen musst!

Bitte knüpfe für die Erstellung Deines Angebots an Deine Antworten auf die 4 Fragen aus dem letzten Kapitel an und beantworte Dir schriftlich folgende Fragen:

- WAS Du ab jetzt nie wieder tun wirst
- WAS Du ab jetzt tun wirst, das Du bisher nicht getan hast
- VON WAS UND WEM Du Dich jetzt ein für allemal verabschieden und auch nicht mehr zurückblicken wirst
- WAS UND WEN Du ab jetzt mit offenen Armen in Deinem Leben willkommen heißen wirst
- WELCHE neuen Formen des Glücks Du ab jetzt jeden Tag genießen wirst
- WELCHE 10 DINGE, TÄTIGKEITEN, GEFÜHLE, BEZIEHUNGEN, GEWOHNHEITEN, ERLEBNISSE Dir ganz konkret ab jetzt neues Glück schenken werden, das Du bisher nicht in Deinem Leben hattest
- WIE Du mehr Ruhe und Frieden und zugleich auch mehr Liebe und Freude in Dein Leben bringst. Wie Du also

Dein Leben ruhiger und heller gestalten willst

- WIE Du Dich von nun an mit der Natur verbinden willst
- WIE Du ab jetzt die Welt und das Leben SEHEN willst
- WELCHE neuen Fähigkeiten Du ganz konkret entwickeln willst
- Welche ROLLE Du in Deinem neuen Leben einnehmen willst
- WIE Du Dich in Deinem neuen Leben FÜHLEN willst
- WER Du in Deinem neuen Leben SEIN willst

Erstelle dieses Angebot für den wichtigsten Menschen in Deinem Leben – nämlich Dich – anschließend im schönsten Design, wenn Du möchtest, mit Bildern unterstützt und in Deinen Lieblingsschriftarten präsentiert.

Wenn Du Lust hast, kannst Du das Angebot auch ausdrucken, ja Du kannst sogar eine Fotocollage oder ein Fotoalbum daraus machen, wenn Du Dir Dein Angebot für Deine neue Lebensphase im neuen Zeitalter gerne mit Bildern in einem besonderen Format präsentieren willst.

Nimm Dir Zeit dafür und stecke Deine ganze Liebe in dieses Angebot.

Und dann lade Dich selbst zum Abendessen ein. Date Dich selbst!

Führe Dich aus (sofern bis dahin die Restaurants wieder geöffnet sind und Du das möchtest), ganz mit Dir alleine. Oder bestelle Dir Dein Lieblingsessen nachhause und sorge dafür, dass Du frische Blumen auf dem Tisch und schöne Musik laufen hast.

Genieße Dein Essen…

Und bevor Du Dir selbst den Nachtisch servierst oder ihn Dir servieren lässt, unterbreite Dir das Angebot, das Du liebevoll und achtsam für Dich selbst erstellt hast…

Und dann triff eine Entscheidung.

Die Macht einer echten Entscheidung!

Damit etwas besser werden kann, muss es anders werden. Und damit etwas anders werden kann, müssen wir ins TUN kommen. Damit wir die Energie haben, ins TUN zu kommen, müssen wir ein klares JA in uns spüren. Und damit wir ein klares JA in uns spüren können, müssen wir eine echte Entscheidung treffen.

Du hast Dir Gedanken darüber gemacht, wie Du unter materiell stark erschwerten Bedingungen ein Leben erschaffen kannst, das Dich glücklicher macht als Dein bisheriges Leben. Eine echte Herausforderung und ein hochwirksames Training für die Entwicklung Deiner Kreativität und Schöpferkraft. Und Du hast eine konkrete Vision von einem solchen Leben erschaffen.

Nun möchte ich Dich einladen, eine klare Entscheidung zu treffen. Denn ohne eine klare Entscheidung für dieses neue Leben wirst Du nie ins TUN kommen. Wirst Du Dich nicht auf die Veränderung einlassen...

Natürlich bist Du frei in Deiner Entscheidung. Du kannst Dich für oder gegen Dein Angebot – Deine Vision von Deinem neuen, glücklicheren Leben – entscheiden. Aber Du solltest eine Entscheidung treffen, andernfalls steckst Du fest. Du wirst dann Dein Leben nicht selbst steuern können, sondern von den Stürmen des Lebens fortgetragen werden.

Warum ist es aber so wichtig, dass Du Dich JETZT klar entscheidest? Kannst Du nicht einfach noch ein wenig abwarten und die Dinge auf Dich zukommen lassen?

Nun, wenn Du Dich NICHT entscheidest, dann entscheidest Du Dich für den Zustand der Unentschlossenheit. Und dieser Zustand ist ein Zustand, der extrem viel Energie und Kraft kostet, und deshalb stark belastet. Für den Du also in Wahrheit den höchsten Preis von allen

Szenarien bezahlst. Die meisten Menschen spüren das, verstehen es aber nicht.

Auch wenn wir uns im Zustand der Unentschlossenheit bewusst vom Thema ablenken, so beschäftigen wir uns unbewusst permanent mit unserer anstehenden Entscheidung und den Alternativen, denn solange wir uns noch nicht FÜR oder gegen eine Sache entschieden haben, jedoch wissen, dass wir eine Entscheidung zu treffen haben oder treffen wollen, wägen wir permanent alle Alternativen miteinander ab, springen zwischen Für- und Wider-Argumenten hin und her, geben uns falschen blockierenden und angstfördernden Gedanken hin wie „Schaffe ich das....?“, anstatt uns die richtige Frage zu stellen, welche lautet: „WIE schaffe ich das...?“, und wir zerstreuen auf diese Weise unseren Fokus immer mehr und verlieren immer mehr Kraft, je länger unser Entscheidungsprozess dauert.

Dadurch fällt es uns mit der Zeit dann immer schwerer, eine gute Entscheidung für uns zu treffen. Erstens, weil wir uns durch entmutigende Fragen und Zweifel im Prozess oft immer weiter selbst schwächen, und unser Bild von uns selbst durch Zweifel immer weiter negativ verzerren. Und zweitens, weil wir durch das viele gedankliche Hin und Her Springen immer weniger klar sehen können, und den Überblick, sowie auch unsere Konzentration und Kraft immer mehr verlieren.

Es ist deshalb ratsam, Entscheidungen schnell zu treffen!

Auch musst Du wissen, dass wir in der Grübelphase, wenn wir uns in Gedanken „Im Kreis drehen" ab einem gewissen Punkt keinerlei neue Informationen mehr aufnehmen, sodass Grübeln uns ab einem gewissen Punkt keinerlei zusätzlichen Wert mehr für unseren Entscheidungsprozess bringt. Da es uns aber so schadet, und so viel Kraft nimmt, sollten wir es uns verbieten und uns dazu überwinden, unsere Entscheidung zu treffen.

Doch an dieser Stelle möchte ich Dir einen wichtigen Hinweis geben:

Entscheidungen SCHNELL und eindeutig zu treffen und sich für sie zu verpflichten, heißt NICHT, die anstehende Umsetzung ebenso SCHNELL und radikal oder gar übereilt und ohne Rücksicht auf Verluste vorzunehmen.

Der Prozess der Umsetzung ist anders als der der Entscheidung ein Prozess der bedachten Planung, für die wir unbedingt unseren Verstand einsetzen sollten, um uns – gerade bei großen Entscheidungen – eine Umsetzung zu gönnen, die für uns selbst und andere Betroffene WEICH und mit möglichst wenig Reibung und Risiko verbunden abläuft, und dafür kann (muss aber nicht) es manchmal sinnvoll sein, die Umsetzung LANGSAMER vorzunehmen, als wir es uns wünschen würden.

Wichtig ist jedoch, dass wir unsere ENTSCHEIDUNG schnell treffen, und dann auch sofort mit dem ersten Schritt der Umsetzung anfangen, um das Momentum an Kraft, die durch unsere Entscheidung freigesetzt wird, nicht zu verlieren.

Warum ist eine echte, eine klare Entscheidung FÜR oder GEGEN etwas aber so mächtig, dass ich ihr ein eigenes Kapitel widme?

Warum trägt sie so viel Kraft in sich...?

Sie ist es, weil sie die Streuung Deines Fokus und Deiner Kraft, die im Entscheidungsprozess stattfindet, von einer Sekunde auf die andere beendet, und Deine GESAMTE Energie und Deinen GESAMTEN Fokus plötzlich laserscharf auf einen einzigen Punkt konzentriert: Und zwar auf das, WOFÜR Du Dich entschieden hast.

Eine klare, entschlossene und definitive Entscheidung zu treffen ist so ein ungeheuer wirksames Instrument, um Deinen Fokus unter Kontrolle zu bringen und neu auszurichten.

Damit steigerst Du zudem die Wahrscheinlichkeit, dass Du das erreichst oder in dem erfolgreich bist, für das Du Dich entschieden hast, enorm, denn erstens wächst immer das, worauf wir unsere Aufmerksamkeit richten. Und zweitens ist Erfolg die Konzentration von Energie.

Je schärfer wir unsere Energie ungeteilt auf einen Punkt richten, desto mehr können wir unsere Realität verändern. So wie Licht in der hochkonzentrierten Form eines Laserstrahls eine enorme Kraft entwickelt, während es seine Leuchtkraft nahezu verliert, wenn es diffus auf verschiedene Ecken eines riesigen Raumes verteilt ist, die es alle zugleich beleuchten soll.

Wenn wir uns klar für ein Lebenskonzept entscheiden, dann werden unsere gesamten Kräfte mobilisiert und ganz darauf ausgerichtet, und sie stehen uns wieder voll zur Verfügung, um die notwendigen Veränderungen vorzunehmen.

Und weißt Du was?

Erfolgreiche Menschen treffen Entscheidungen schnell und stellen sie danach NICHT mehr in Frage.

Ab dem Punkt einer getroffenen Entscheidung fragen sie sich NIE mehr, OB sie richtig entschieden haben, oder OB sie erreichen können, wofür sie sich entschieden haben, sondern sie fragen sich nur noch, WIE sie es erreichen können.

Wenn sie feststellen, dass ihre Entscheidung falsch war, oder sie nicht glücklich macht, dann stellen sie trotzdem nicht ihre Entscheidung in Frage, denn sie wären an dem Punkt dieser Erkenntnis nicht angekommen, wenn sie ihre Entscheidung nicht getroffen hätten, sondern sie treffen eine NEUE Entscheidung!

So müssen sie vielleicht immer wieder Korrekturen auf ihrem Weg vornehmen, manchmal werden sie vielleicht auch durch eine ungünstige Entscheidung zurückgeworfen, aber SIE GEHEN WEITER UND TREFFEN SOLANGE NEUE ENTSCHEIDUNGEN, UND FINDEN WEGE, SIE UMZUSETZEN, BIS SIE DA ANKOMMEN, WO SIE HINWOLLEN.

Der Erfolglose investiert seine Energie in Grübeln (soll ich oder soll ich nicht.... Kann ich das...?). Der Erfolgreiche investiert seine Energie in Handeln (WIE komme ich am besten / am schnellsten dort hin...? WIE Schaffe ich das...?).

Beide haben am Ende die gleiche Menge an Energie verbraucht, aber der Erfolglose kann nirgendwo ankommen, weil er nie losgelaufen ist - während der Erfolgreiche bereit ist, sein ganzes Leben lang zu laufen und deshalb auch immer irgendwo ankommt...

Entscheide Dich deshalb schnell und aus dem Bauch heraus für die Veränderungen, die Du in Deinem Leben vornehmen willst, NACHDEM Du das neue Szenario mit dem Verstand durchdacht hast.

Die Werbeindustrie weiß längst, dass wir Entscheidungen immer nach dem Gefühl treffen, und sie DANACH vor uns selbst mit dem Verstand rechtfertigen.

Ich möchte Dich jetzt dazu einladen, DEINE Entscheidung zu treffen.

Möchtest Du den mutigen Schritt gehen und diese Krise dazu nutzen, Dir ein Leben aufzubauen, dass Dich NOCH VIEL GLÜCKLICHER macht als Dein altes Leben?

Möchtest Du Dich aus vollem Herzen auf dieses neue Leben einlassen und Dich ihm mit Deiner ganzen Liebe und Hingabe, mit Deiner ganzen Begeisterung widmen?

Oder möchtest Du das nicht?

Du bist vollkommen frei!

Du kannst JA und Du kannst NEIN sagen.

Beides ist okay!

Ja, Du kannst Dich auch dagegen entscheiden! Und Du kannst dann eine neue Vision in Deinem Geist erschaffen, und Dir die gleiche Frage wieder stellen... So lange, bis Du eine Vision für Dich gefunden hast, FÜR DIE DU EINE KLARE ENTSCHEIDUNG treffen kannst...

Deine Entscheidung sollte entweder ein GANZ KLARES JA sein – oder ein NEIN...

Jetzt ist der Moment gekommen. Ich möchte Dich einladen, jetzt die Weichen neu zu stellen:

Triff jetzt bitte Deine Entscheidung. Innerhalb von wenigen Sekunden!

Und schreibe Deine Antwort in EINEM Wort auf:

Willst Du Dich GANZ für dieses neue Leben entscheiden, das Du entworfen hast?

Mit allen Konsequenzen?

Willst Du Deinen ganzen Mut zusammennehmen und jetzt ins unbekannte Wasser Deines neuen Lebens springen?

Willst Du Dich jetzt für dieses neue Leben entscheiden?

JA ODER NEIN?

Aufbruch in ein neues Leben

Ich hoffe, dieses Buch hat Dich inspiriert und wird Dir helfen, Deine Angst zu heilen, von innen stark zu werden, erfolgreich, gelassen und glücklich durch die Krise zu gelangen und im neuen Zeitalter neue Formen von Glück zu finden, die Dein Leben besser machen, als es jemals war.

Aber ich möchte Dich nicht nur inspirieren. Ich möchte Dein Leben verändern!

Lege dieses Buch deshalb jetzt *nicht* zur Seite und lebe weiter wie bisher.

Veränderung entsteht nicht durch neues Wissen, sondern nur durch *angewandtes* Wissen.

Es spielt keine Rolle, wieviel Du weißt, entscheidend ist, was Du *tust*.

Gehe deshalb *heute* den entscheidenden ersten Schritt in die Praxis, damit das Wissen aus diesem Buch seine ganze Wirkung entfalten und Dein Leben verändern kann.

Sei mutig und beginne ein neues Leben!

Ein Leben ohne Angst!

Ein Leben voller Glück, voller Abenteuer, voller innerer Stärke und Zuversicht.

Ein Leben voller Vertrauen.

Ein intensives Leben voller Lebendigkeit.

Wenn Du dieses Buch bis hier hin gelesen hast, dann kannst Du Dir sicher sein, dass genau dieses Leben bereits auf dem Weg zu Dir ist... Weil Du es wirklich willst und Dich längst dafür entschieden hast.

Du darfst Deine Arme öffnen und es annehmen.

Bitte lasse Dir niemals einreden, dass die Probleme, die diese Krise für Dich ganz persönlich bringt, und der Schmerz des Verlusts, den Du vielleicht jetzt gerade erleidest, die Weichen für Dein restliches Leben stellen.

DU stellst die Weichen für Dein restliches Leben! Und Du hast die Freiheit zu entscheiden, aus dem, was diese Krise Dir bringt, etwas Besseres zu machen, als Du es jemals kanntest.

Deshalb gib Dir selbst und Deinem Leben eine echte Chance und gib wirklich alles in der Arbeit mit diesem Buch. Du wirst sehen, es kann Wunder wirken und alles für Dich verändern...

Wenn es jemanden gäbe, der Dich liebevoll und mit ganzer Hingabe erschaffen und Dir Dein Leben geschenkt hätte, meinst Du nicht er würde Dich gerne glücklich sehen wollen? Würde er sich nicht zutiefst für Dich wünschen, dass Du die Herausforderungen schwerer Zeiten in Deinem Leben in vollem Bewusstsein dafür nutzt, um Dich stärker zu machen und Dein Leben noch mehr lieben und genießen zu können als zuvor?

Als sterbende Menschen danach gefragt wurden, was sie in ihrem Leben am meisten bereuen, nannten sie besonders häufig die folgenden drei Dinge:

1. Dass ich nicht mutiger war und meine Ideen und Träume verwirklicht habe
2. Dass ich nicht mehr Zeit mit der Familie verbracht habe (diese Antwort kam besonders oft von Männern)
3. Dass ich meine langjährigen Freundschaften nicht gepflegt und aufrechterhalten habe

Kein einziger dieser Menschen wünschte sich, mehr Zeit im Büro oder vor dem Fernseher verbracht zu haben. Und kein einziger dieser Menschen wünschte sich, ein bequemeres Leben gehabt zu haben!

Nutze dieses Wissen, um Dein eigenes Leben so zu gestalten, dass Du nichts bereuen wirst, wenn Du einmal gehst...

Denn Dein Leben ist die Summe aller einzelnen Momente darin. Und JEDER Moment hat das Potenzial etwas ganz Großes zu sein, wenn Du dafür sorgst!

Du bist der Gestalter Deines Lebens. Sorge DU dafür, dass Du Dich an ein Leben voller großartiger Momente zurück erinnern wirst, wenn Du einmal gehst!

Wenn Du auf Deinem neuen Weg im neuen Zeitalter gerne von mir begleitet werden möchtest, dann lade ich Dich herzlich ein, in die Cosima Sieger Akademie zu kommen. Du erhältst dann jeden Freitag von mir per E-Mail eine Lektion mit Übungen, die Dich zu einem immer stärkeren, gelasseneren und glücklicheren Menschen machen, und mit denen wir Dein neues, noch viel glücklicheres Leben Stück für Stück gemeinsam aufbauen!

Hier erfährst Du mehr:

http://www.cosima-sieger.de/cosimas-akademie/

Und nun wünsche ich Dir alle Fülle und alles Glück dieses Universums! Denn Du verdienst nichts Geringeres als das...

Herzliche Grüße und vielleicht bis bald, in einem meiner anderen Ratgeber. Ich würde mich freuen!

Deine Cosima Sieger

P.S. Hier kannst Du Dich in meinen Newsletter eintragen für kostenlose Leseproben und hin und wieder auch ein kleines Geschenk von mir, und findest meine Kurse, die Dir helfen, Dich selbst besser zu verstehen und Dein Leben in die Richtung zu lenken, in der Dein persönliches Glück für Dich verborgen liegt:

www.cosima-sieger.de

Abonniere mich gerne auch bei Facebook. Dort poste ich regelmäßig Übungen, Tipps, hilfreiche Texte und Inspirationen für Dich

MEIN WEG ZU EINEM NOCH WUNDERVOLLEREN LEBEN

Was ich noch heute ändern werde

Was ich noch diese Woche ändern werde

Was ich noch diesen Monat ändern werde

Was ich ab heute nie wieder tun werde

Was für ein Mensch ich sein werde

Wichtige Gedanken

Wichtige Gedanken

Wichtige Gedanken

Einige Cosima Sieger Ratgeber im Überblick

Das große Praxisbuch zum Gesetz der Anziehung!

Die 5 Schritte Methode zum Ängste überwinden

Das große Praxisbuch für eine unwiderstehliche Ausstrahlung!

Selbstliebe Praxisbuch:
Wie Du wieder zu Dir selbst zurück findest und zu leuchten beginnst!

Großer Selbstliebe Ratgeber

Großes Selbstliebe Übungsbuch -
30 Tage Praxisprogramm

Großes Selbstbewusstsein Übungsbuch -
30 Tage Praxisprogramm

10 Tipps für ein starkes Selbstbewusstsein

Selbstvertrauen – das ultimative Geheimnis!

Introvertiert erfolgreich in einer extrovertierten Welt

Selbstbehauptung lernen - Das 15 Tage Praxisprogramm

Trennung überwinden in 30 Tagen –
Das Praxisprogramm

Großes Praxisbuch zum Loslassen (in 5 Schritten)

Das große Buch der Gelassenheit

Dein Weg aus dem Stress zurück in die Freiheit!

Das große Achtsamkeit Übungsbuch

Achtsam werden für sich selbst - 10 Tipps!

Gewohnheiten ändern –
Das 30 Tage Praxisprogramm

Manipulationstechniken durchschauen:
Erkennen Sie, wer Sie manipuliert und stoppen Sie Manipulation & Intrigen gegen Sie wirksam in 4 Schritten
(nur erhältlich auf www.cosima-sieger.de)

Großes Praxisbuch der Selbstfindung

Der Weg zurück zur Lebensfreude

Minimalismus für ein Leben in Leichtigkeit und Freiheit

Freunde finden ohne Mühe

Das große Körperbuch:
Wie Sie mit Genuss gesund leben, Ihren Körper LIEBEN
und in Ihrer ganzen Schönheit erstrahlen!

Das große Praxisbuch der Dankbarkeit:
Wie Sie in 30 Tagen unendliche Fülle erschaffen

Das Geheimnis des Glücks (Praxisbuch zum Glücklichsein)

„Ich helfe Menschen, stark, gelassen und glücklich zu werden und dafür ins TUN zu kommen."

Cosima Sieger

Es erscheinen regelmäßig neue Cosima Sieger Ratgeber. Schauen Sie einfach bald wieder bei Amazon oder bei Ihrem Buchhändler vorbei.

Weitere Cosima Sieger Bücher gibt es außerdem exklusiv unter www.cosima-sieger.de
(diese sind zum Teil nicht im Buchhandel erhältlich)

Anhang, Haftungsausschluss und Copyright

Was denkst Du?

Wenn Dir mein Ratgeber gefallen hat, freue ich mich über eine Bewertung. Sie gibt mir meine Motivation, um weitere Ratgeber für diese Reihe zu schreiben und auch das Wissen, wie ich sie so gestalten kann, dass ich Dir damit am besten helfe.

Selbstverständlich ist sowohl positives, als auch negatives Feedback willkommen. Mit beidem kann ich meine Bücher kontinuierlich für meine Leser verbessern, und das ist mir sehr wichtig. Über positives Feedback freue ich mich aber natürlich ganz besonders.

Schenke mir also doch jetzt noch zwei Minuten Deiner Zeit und schreibe mit ein oder zwei Zeilen eine kurze Bewertung zu diesem Buch.

Haftungsausschluss und Eigentumsrechte

Wir sind bemüht, alle Angaben und Informationen in diesem Buch korrekt und aktuell zu halten. Trotzdem können Fehler und Unklarheiten leider nie vollkommen ausgeschlossen werden. Daher übernehmen wir keine Gewähr für die Richtigkeit, Aktualität, Qualität und Vollständigkeit der vorliegenden Texte und Informationen.

Für Schäden, die durch die Nutzung der bereitgestellten Informationen mittelbar oder unmittelbar entstehen, haften wir nicht, solange uns nicht grob fahrlässiges oder vorsätzliches Verschulden nachgewiesen werden kann.

Für Hinweise auf eventuelle Fehler oder Unklarheiten an cosimasieger@gmail.com sind wir Ihnen dankbar.

bers und Herausgebers für Dritte nicht nutzbar.

Alle etwaigen in diesem Buch genannten Markennamen und Warenzeichen sind Eigentum der rechtmäßigen Eigentümer. Sie dienen hier nur zur Beschreibung der jeweiligen Firmen, Produkte oder Dienstleistungen.

FSC
www.fsc.org
MIX
Papier aus verantwortungsvollen Quellen
Paper from responsible sources
FSC® C141904

Druck:
Customized Business Services GmbH
im Auftrag der
KNV Zeitfracht GmbH
Ein Unternehmen der Zeitfracht - Gruppe
Ferdinand-Jühlke-Str. 7
99095 Erfurt